Macht's wie Gott – werdet Mensch

Josef Quadflieg zum 60. Geburtstag

MACHT'S WIE GOTT
Ein Nachdenkbuch
WERDET MENSCH

gesammelt und geordnet von
Gabriele Miller · Hubert Ries · Dieter Wagner

Bernward

ISBN 3 87065 3299, Bernward Verlag, Hildesheim
Titelgestaltung: Paul König, Hildesheim
Gesamtherstellung: Druckhaus Benatzky, Hannover

Nicht nur zum Nach-denken

Unser Menschsein sei vielfach bedroht – sagen sie. Menschliche Qualitäten seien im Schwinden; von Tugenden sei nur in alten Büchern noch zu lesen – sagen sie. Menschenfreundlichkeit sei Mangelware, bei Bibellesern als Eigenschaft des lieben Gottes bekannt. Menschenwürde ist ein überholtes Wort, viel eher redet man von Menschenrechten; aber eben, man redet nur davon. Die, die sie haben, entsprechen ihnen nicht, und die sie brauchen, haben ohnehin kein Recht. Menschsein ist eine rare Sache – sagen sie.

Doch davon träumen, das tun sie alle. Und was noch in den Träumen lebt, das ist nicht tot. Wenn wahres Menschsein mehr wäre als nur ein Traum – von alten Geschichten am Leben gehalten! Wenn heutzutage nicht nur auf Spruchbändern davon zu lesen wäre! Spüren möchten wir etwas davon: von diesem Menschsein – von dieser Menschlichkeit – Menschenfreundlichkeit; man müßte sie erfahren können. Mensch werden, das wäre ein Programm, erstrebenswert, für das zu leben lohnte.

Ein paar Freunde haben ihre Freunde gefragt, was sie von diesen Menschen denken und ihrer Menschenfreundlichkeit. Wovon sie träumen, wenn sie Mensch-Sein sagen. Was sie sich wünschen für uns und unsere ganze Welt. Was ist es, das unser Leben hält?

Ein dickes Bündel Texte ist zusammengekommen. Richtmaß dafür war einer, der's wissen muß. Einer, der es ausprobiert hat, das Menschwerden. Einer, der freiwillig Mensch geworden ist – und was für einer!

»Macht's wie Gott – werdet Mensch«, das war das Motto einer Weihnachtspredigt.* Als Titel über die gesammelten Einsichten und Wünsche, Sehnsüchte und Träume geschrieben. Daraus ein Bändchen gemacht. Zum Nach-Denken – und hoffentlich zu mehr als das.

* Dr. Franz Kamphaus, Bischof von Limburg

Was ist der Mensch?

wer bin ich
ob ich das weiß
spielt keine rolle
hauptsache
du weißt, wer ich bin
du kennst mich bis auf den Grund
denn du hast mich geschaffen
als dein bild
hast alle menschen geschaffen
als dein bild und gleichnis
du schaust mich an
in jedem menschen neben mir

ich danke dir
weil du mich anschaust
in jedem menschen
ich danke dir
weil ich dein bild bin
für jeden menschen
neben mir

wenn ich das weiß
dann weiß ich
wer ich bin

1 einer, der nach sich selber fragt

In einer berühmt gewordenen Vorlesung hat Kant einmal erklärt, daß sich alle wichtigen Fragen der Philosophie auf die eine Frage zurückführen lassen: Was ist der Mensch? Diese Frage ist mehrfach auch in der Bibel zu finden. Wer darüber erstaunt ist, geht vielleicht zu selbstverständlich davon aus, daß die Bibel eher ein Buch der Antworten als ein Buch der Fragen ist. Aber wenn die Bibel ein Buch ist, in dem menschliche Grunderfahrungen ihren Niederschlag gefunden haben, dann braucht man sich nicht zu wundern, daß auch diese bewegende Frage dort gestellt wird. Noch überraschender ist der Befund, daß eben diese Frage in jeweils ganz unterschiedlichen Situationen vorkommt. Insgesamt habe ich sie viermal gefunden.

Im 8. Psalm klingt die Frage großartig und erhaben. Der Psalmist ist über die Schöpfung Gottes begeistert und sieht im Menschen Gottes größtes Werk:

Was ist der Mensch,
daß du an ihn denkst,
des Menschen Kind, daß du dich seiner annimmst?
Du hast ihn nur wenig geringer gemacht als Gott,
hast ihn mit Herrlichkeit und Ehre gekrönt (Ps 8,5-9).

Im 144. Psalm herrscht das Gefühl menschlicher Nichtigkeit vor; doch diese Ohnmacht veranlaßt den Psalmbeter, auf Gott zu vertrauen:

Du bist meine Huld und Burg,
meine Festung, mein Retter,
mein Schild, dem ich vertraue.
Er macht mir Völker untertan.
Herr, was ist der Mensch,
daß du dich um ihn kümmerst,
des Menschen Kind, daß du es beachtest?
Der Mensch gleicht einem Hauch,
seine Tage sind wie ein flüchtiger Schatten (Ps 144,2-4).

Auch Ijob stellt Gott die Frage nach dem Menschen. Aber aus der Erfahrung des Leidens macht er Gott bittere Vorwürfe wegen der vielen Plagen, die er zu tragen hat. Vielleicht erkennen wir uns in seinen Fragen und Klagen am ehesten wieder:

Ich mag nicht mehr.
Ich will nicht ewig leben.
Laß ab von mir;
denn nur ein Hauch sind meine Tage.
Was ist der Mensch?
daß du ihn groß achtest,
und deinen Sinn auf ihn richtest,
daß du ihn musterst jeden Morgen
und jeden Abend ihn prüfst (Ijob 7,16-17)?

Der Hebräerbrief schließlich zitiert den 8. Psalm noch einmal, aber er verändert ihn so, daß er nun von Christus gilt. Damit tritt die Frage in eine neue Dimension, zumal die Herrlichkeit und Ehre dem »Menschensohn« um seines Todesleidens willen gegeben wurde (Hebr 2,9). Vielleicht dürfen wir darin auch einen Hinweis auf die Klagen Ijobs sehen, ohne daß diese damit ihre Wucht verlieren müßten:

Was ist der Mensch?
daß du an ihn denkst,
oder der Menschensohn,
daß du dich seiner annimmst?
Du hast ihn nur für kurze Zeit
unter die Engel erniedrigt.
Du hast ihn mit Herrlichkeit und Ehre gekrönt,
alles hast du ihm zu Füßen gelegt (Hebr 2,6-7).

Kant stand also in einer langen Tradition, als er seine Frage philosophisch formulierte. Er hat mit seiner Frage das Denken und Empfinden der Neuzeit stark beeinflußt. Uns ist es aufgegeben, die Frage wachzuhalten. Die Antwort kann, wenn sie aus biblischem Glauben kommt, nur auf die Nichtigkeit und Hoheit, auf Elend und Größe des Menschen hinweisen. *Werner Trutwin*

2 schwer zu definieren

Als Mensch ...

homo definiri nequit.

Die gerade Linie ist gottlos, das Lineal ein Symbol des Analphabetismus. *Friedensreich Hundertwasser*

Konsequenz ist der Kobold, der kleine Geister plagt.
Ralph Waldo Emerson

Die Vernunftwahrheiten ändern sich nur, wenn sich die Wünsche, die Herzen, die Bedürfnisse der Menschen ändern.
Ludwig Feuerbach

Wer die Wahrheit liebt, muß den Zweifel heiraten. *H. Kudszus*

Der Zweifel ernährt den Glauben, der Glaube den Zweifel.
Reinhold Schneider

Vieles lesen macht stolz und pedantisch; viel sehen macht weise, verträglich und nützlich. *Georg Christoph Lichtenberg*

Eine sanfte Sprache zerreißt dem Teufel die Knochen.
aus Afrika

Spielen ist notwendig zur Führung eines menschlichen Lebens.
Thomas von Aquin

Mensch, lerne tanzen, sonst wissen die Engel im Himmel nichts mit dir anzufangen. *Aurelius Augustinus*

Das Lachen erhält uns vernünftiger als der Verdruß.
Gotthold Ephraim Lessing

Sünde ist, vor Gott verzweifelt nicht man selbst sein wollen.
Sören Kierkegaard

Man hat das Schlimmste so lange vor sich, bis es einen zum Lachen bringt. *Samuel Beckett*

Phantasie- und Humorlosigkeit sind die grausamsten Formen der Unbarmherzigkeit. *Heinrich Böll*

Alle Männer, so in einer großen Kunst sind gewesen, sie sind alle melancholici gewesen. *Marsilio Ficino*

Zum Menschsein des Denkenden gehört das Wandernkönnen.
Gerhard Krüger

mit anderen ...

Gottes zweite Heimat – der Mensch. *Ernst Jüngel*

We believe because we love. *John Henry Newman*

Länger als eine Viertelstunde kann man nicht an der Verzweiflung eines anderen teilnehmen, ohne die Geduld zu verlieren.
E. M. Cioran

Wer sich recht sieht, sieht ein Bild von Gottes Geduld.
Dietrich Bonhoeffer

Tugend will ermuntert sein, Bosheit kann man schon allein.
Wilhelm Busch

Immer wieder finden sich Eskimos, die den Bewohnern des Kongo sagen, was sie zu tun haben. *Stanislaw Jerzy Lec*

Kinder sind Rätsel von Gott und schwerer als alle zu lösen; aber der Liebe gelingt's, wenn sie sich selber bezwingt.
Friedrich Hebbel

Ich fürchte, allzu »sorgfältige« Erziehung liefert Zwergobst.
Georg Christoph Lichtenberg

Man sollte jeden Menschen wie einen Sterbenden behandeln.
Nikolai Alexandrowitsch Berdjajew

älter werden ...

Einen Menschen lieben, heißt einwilligen, mit ihm alt zu werden.
Albert Camus

nur eine tüte glauben/aus ihr naschen –
/sonst ohne jeglichen vorrat. *Kurt Marti*

Geborgenheit im Letzten gibt Gelassenheit im Vorletzten.
Romano Guardini

Altsein ist ein herrliches Ding, wenn man nicht verlernt hat, was anfangen heißt. *Martin Buber*

Macht haben heißt, nicht lernen müssen. *Julius Deutsch*

Glück ist, seinen Anlagen gemäß verbraucht zu werden.
Frank Wedekind

Es ist zu erwägen, daß man nicht mit den grauen Haaren, sondern mit dem Geiste schreibt, der mit den Jahren zu reifen pflegt.
Don Quichote/Miguel de Cervantes

May you be in Heaven half an hour before the Devil knows you're dead. *Irischer Toast*

3 Bericht über ihn

1
Wenig bekannt vor allen anderen
Ist ein Wesen besonderer Art: Überzogen
Mit bläßlicher Haut, kaum behaart und gefüllt mit
Gedärm, Knochen und etwas Hirn. Aufrecht sein
Gang, doch nicht sein Verhalten.
2
Kurz von Gedächnis, denn bevor
An seinen Händen das Blut noch getrocknet,
Weiß er schon nicht mehr, von wem her es stammt.
3
Seine Geschlechtsteile verbirgt er
Vor seinesgleichen wie einen kostbaren Schatz;
Aller Welt aber
Bietet er dar
Die geheimsten Zuckungen seiner Seele
Bis zum Überdruß. Mündlich
Und schriftlich und bildlich.
4
In schwach erhellten Höhlen rechteckiger Form
Haust er und häuft darin an
Gestühl und Geschränk und Gerät
Zur Wiedergabe von Lärm, bei welchem
Er Beine und Arme aufgeregt schwenkt.
5
Voller Schwächen, hat er eine Stärke, die
Ihn unüberwindbar macht: Er paßt sich an.
6
Wenn Regen fällt, spannt er seinen Schirm auf;
Fallen Bomben, stülpt er einen Hut aus Metall
Über den Kopf und begibt sich in den Keller. Jeder
Situation ist er gewachsen.
7
Sehr kurz ist seine Zeit, doch diese nützt er,
Seinesgleichen die Zeit zu verkürzen. Er
Hat sich gewöhnt, daß Tag um Tag, Jahr um
Jahr
Ihm durch die Hand rinnt und nichts hinterläßt
Als Risse und Falten und Schwielen.

8
Vergangene Götter anzubeten
Ist ihm lange Gewohnheit, doch stellt er sich um
Auf gegenwärtige, wenn sie Macht haben,
Diese so zu mißbrauchen und Ihn dazu.

9
An seinem Weg der erste Tote
Entsetzt ihn. Nicht mehr der zehnte.
Den hundertsten übersieht er.

10
Er kennt alles Elend der Welt, aber
Er hat sich an alles gewöhnt, sofern
Es den Nachbarn betrifft.

11
Wahrlich, die Stärke, die ihn
Überleben ließ die Jahrtausende, sehet
Mit Verwunderung.

12
Er selber nennt sich: Mensch.
Selten ist er es. Es zu sein, danach strebt er
Manchmal.
Daß er es werde, Treibt ihn an. *Günter Kunert*

4 vertraut mit seinen Fehlern

Die Fehler sind bekannt: ich hab sie längst begangen
Schuld oder Unschuld trifft mich ganz allein
Ich bin auf meinen eigenen Leim gegangen
ich fiel auf keinen als mich selber rein

Was ich auch tue macht die Fehler schwerer
die Fehler machen bald mein Leben aus
Ich bin in diesem Leben eingefangen
ich komme nicht aus meiner Haut heraus

die narbenstrotzend an mit klebt und knittert
und mit den Jahren deutlicher verwest
Ich bin die einzige die vor mit zittert
ich weiß daß niemand mich von mir erlöst. *Ulla Hahn*

5 durch Tod findet er Leben

Im Märchen »Von dem Machandelboom« aus der Sammlung der Brüder Grimm wird erzählt, wie die Mutter den Sohn aus erster Ehe umbringt, zerhackt und zu Sulzfleisch kocht, das dann dem Vater so gut schmeckt, daß er gar nicht genug kriegen kann und alles aufißt. Der in einen wundersamen Vogel verwandelte Sohn singt dann dieses Lied:

»*Mein Mutter, der mich schlacht,*
Mein Vater, der mich aß,
Mein Schwester, der Marlenichen,
Sucht alle meine Benichen,
Bind't sie in ein seiden Tuch
Leg's unter den Machandelboom.
Kywitt, kywitt, wat vörn'n schöön Vogel bün ik!«

Eigenartig ist, daß dieses Bildmotiv vom Zerstückelt- und Verzehrtwerden in so vielen verschiedenen Kulturkreisen erzählt wird.

In Griechenland schlachtet Pantalos seinen Sohn Pelops, kocht ihn und setzt ihn den Göttern zum Mahl vor. Von Orpheus wird erzählt, daß er nach seiner vergeblichen Hadesfahrt von thrakischen Frauen überfallen und zerrissen wurde. Im »Tibetischen Totenbuch« wird der Mensch nach dem Tod durch ein Gericht geprüft, das im Bild einer Verschlingung erzählt wird. Der Todesgott sagt zum Prüfling: »Ich will den Spiegel des Karma befragen. Indem er dies sagt, sieht er in den Spiegel, worin jede gute und böse Tat lebhaft widerspiegelt. Lügen ist nutzlos. Darauf schlingt eine der ausführenden Furien des Todesgottes ein Seil um deinen Hals und zerrt dich weg, sie schneidet deinen Kopf ab; nimmt dein Herz heraus, reißt deine Eingeweide heraus, leckt dein Hirn aus, trinkt dein Blut, ißt dein Fleisch und nagt an deinen Knochen, du aber bist unfähig zu sterben . . .«

Zu allen Erzählungen gehört ein Sterben, ein Zerstörtwerden, ja ein sehr schmerzhaftes »Aufgelöst werden«, aber alle Erzählungen bleiben nicht dabei, berichten von einem Wiederkommen des Getöteten in einer neuen Lebensqualität.

Der geschlachtete Sohn im Märchen tritt aus einer Flammenwolke vergnügt auf seinen Vater und seine Schwester zu, Pelops gewinnt durch die Zauberkräfte des Hermes eine schönere

Gestalt als zuvor. Die Musen setzten Orpheus wieder zusammen und bestatteten ihn, Zeus aber machte ihn durch seine Leier unsterblich, die als Lyra unter die Sternbilder gesetzt wurde, und nach bestandenem Gericht erreicht der fromme Tibeter die immerwährende Glückseligkeit. Sicher spiegeln sich in diesen Bildern Erfahrungen wieder, die jeder Mensch in seiner frühen Kindheit durchleben muß, wenn er die ganze Welt durch den »Mund« erlebt, die Lust sowohl als auch den Schrecken. In der Zeit der »Mund will« ist die Angst vor dem Verschlungenwerden der gefürchtete Schrecken.

Die Häufigkeit und Dichte dieses Motives läßt aber auch den schwarzen Faden spüren, der in unser Leben verknüpft ist: Ein »Mehr« an Verständnis, an Einsicht, an Weisheit gibt es nicht ohne Schmerz, ohne Nacht, ohne Zerstörung und Zerstückelung. Neue Lebendigkeit, intensiveres Spüren, glanzvolleres und fruchtbareres Leben entsteht nur nach erlittener Verzweiflung, die neue Lebensgestalt erscheint erst, nachdem die vorige verbrüht, zerkocht und zerlegt wurde. Nicht nur in der Kindheit, in jedem Lebensalter bleibt oft kein anderer Ausweg als »der Gang durch die Schlachtschüssel«. Immer neu bitter ist es, daß wer »am Boden zerstört ist«, nur die Schärfe der Wunde spürt, aber gar nichts vom Sternenglanz ahnt und von der Angst bedroht ist, daß niemals mehr ein Licht am Horizont scheinen könnte.

Walter Kettler

6 erfahren mit den Sinnen

Was so ernsthaft beginnt wie ein »Bericht für eine Akademie«, endet mit einer hintersinnig-heiteren Wendung. Das Scheitern eines Forschungsprojekts schlägt um in die Wiederentdeckung des Sinnlichen, welch tröstliche Perspektive.

Michael Ende stimmt nicht ein in das Klagelied von der Verwissenschaftlichung unserer Welt, vom Überhandnehmen des abstrakten und analytischen Denkens, er will uns vielmehr Mut machen, das Elementare wieder zu entdecken. Dem »strengen Realisten« in Endes Gedicht geht es um die genaue Erfassung einer isolierten Einzelheit: wenigstens dieser ausgesparte Teilbereich soll bis auf den Grund ausgelotet werden. Aber siehe da: nichts existiert einfach nur für sich, gar nichts kann aus sich selbst erklärt und begriffen werden. Eins ist mit dem anderen verflochten, alles hängt voneinander ab, das Naheliegende weist auf das Ferne, das Offenliegende auf das Geheimnisvoll-Verborgene. Die unscheinbaren Dinge entpuppen sich als abgründig, was sich als simples Gebilde darbietet, ist hochkompliziert, das unter dem Mikroskop Erschaute erinnert an die Struktur der Sterne.

Die Unmöglichkeit, auch nur ein unscheinbares Teilstück der Wirklichkeit gänzlich zu erfassen, führt aber den Federmann nicht zur Resignation; er hat die Fähigkeit nicht verlernt, das Objekt seiner wissenschaftlichen Bemühungen zu genießen. Die vielen Bemühungen sind keine verlorene Liebesmüh, wenn letztendlich die sinnenhafte Erfahrung auch zu einem Schlüssel für die Sinnhaftigkeit der Welt wird.

»Der Apfel«, hat *Walter Dirks* einmal in einer Rundfunkansprache gesagt, »ist mir schon sehr früh als ein bescheidenes, aber sehr überzeugendes Symbol begrenzter Sinnhaftigkeit erschienen, ein Symbol geradezu für konkrete Sinnerfahrung ... Ein wohlgeratener Apfel ist gut und er ist schön: man kann den griechischen Begriff der Kalokagathia, der im Menschen Güte und Schönheit zusammenfaßt, getrost auf ihn anwenden: eine wohlgeratene Frucht für die Hand, für die Augen, für die Nase, für die Zähne, für den Gaumen und den Magen des Menschen. Ich finde den Apfel im höchsten Grade sinnvoll.«

In konzentrischen Kreisen baut Michael Ende die ganze Welt um seinen Apfel. Wird er zunächst betrachtet und beschnuppert, so kommen allmählich die vielen Bezüge und das ganze Fadengeflecht zum Vorschein, das Schicksal der Schöpfung scheint im Apfel anschaubar und nachvollziehbar zu werden. Als sich aber die Fäden zu verwirren drohen, muß das Komplizierte wieder zum Einfachen werden. Auch wenn wir nicht zu einer ungebrochenen Naivität zurückkönnen, vielleicht kommen wir zu einer »Naivität II«.

Der wirkliche Apfel
Hommage an Jacques Prévert

Ein Mann der Feder, berühmt und bekannt
als strenger Realist,
beschloß, einen einfachen Gegenstand
zu beschreiben, so wie er ist:
Einen Apfel zum Beispiel, zwei Groschen wert,
mit allem, was dazu gehört.

Er beschrieb die Form, die Farbe, den Duft,
den Geschmack, das Gehäuse, den Stiel,
den Zweig, den Baum, die Landschaft, die Luft,
das Gesetz, nach dem er vom Baume fiel . . .

Doch das war nicht der wirkliche Apfel, nicht wahr?
Denn zu diesem gehörte das Wetter, das Jahr,
die Sonne, der Mond und die Sterne . . .

Ein paar tausend Seiten beschrieb er zwar,
doch das Ende lag weit in der Ferne;
denn schließlich gehörte er selber dazu,
der all dies beschrieb, und der Markt und das Geld
und Adam und Eva und ich und du
und Gott und die ganze Welt . . .

Und endlich erkannte der Federmann,
daß man nie einen Apfel beschreiben kann.
Von da an ließ er es bleiben,
die Wirklichkeit zu beschreiben.
Er begnügte sich indessen
damit, den Apfel zu essen. *Michael Ende*

Michael Ende hat sein Gedicht *Jacques Prévert* gewidmet. Hat er dabei an das Gedicht »Rechenstunde« gedacht, in der die Flucht gelangweilter und gequälter Schulkinder in ein Wunderland der Phantasie geschildert wird? Dort heißt es zum Schluß: »Die Tinte wird wieder Wasser/Die Pulte werden wieder Bäume/Die Kreide wird wieder Felsen/Der Federhalter wird wieder Vogel.«

So wird der Apfel Adams, der Apfel des Paris, der Reichsapfel und werden all die mythenschweren und schicksalshaften Äpfel wieder zu dem Apfel, in den ich beißen muß, wenn ich ihn wirklich erfahren will. *Otto Betz*

7 einer, der lachen kann

Ein scharfsinniger Kenner der Scholastik hat den Menschen definiert als ein »animal rationale« – das lachen kann. Wenn auch der Mensch im allgemeinen nicht allzuviel zu lachen hat – das Lachen bleibt eine zutiefst menschliche Gabe. Sie wird ihm in dem Maße zuwachsen, in dem er Humor hat.

Vor Jahren hatten die Maus-Elefant-Witze einen enormen Erfolg. Er basierte darauf, daß in diesen Witzen die Grundstruktur des Humors deutlich wurde. Erinnern wir uns an jenen Witz, der zu den besten der Reihe gehörte: Elefant und Maus spielen Fußball. Im Eifer des Spiels tritt der Elefant die Maus klaftertief in den Boden. Er ist untröstlich und entschuldigt sich weinend bei der Maus, die – geschunden, mit gebrochenen Gliedern – langsam wieder nach oben kriecht. Aber die Maus winkt ab: »Hätte mir ja genauso passieren können!«

Der Mensch weiß sich bedingungslos den Mächten ausgeliefert – jeder Stein, jeder Blitz, der kleinste Krankheitskeim kann ihn vernichten. Er lebt sein Dasein im ständigen Schatten des Todes. Und der Mensch erkennt diese seine Verlorenheit – und nimmt sie lächelnd an: Er hat Humor und überbrückt so den Abgrund zwischen sich und den Mächten, zwischen sich und Gott.

Es gibt andere Möglichkeiten, diesen Abgrund (scheinbar) zu überbrücken:

Hier sitz ich, forme Menschen
Nach meinem Bilde,
Ein Geschlecht, das mir gleich sei,
Zu leiden, zu weinen,
Zu genießen und zu freuen sich,
Und dein nicht zu achten,
Wie ich!

So *Prometheus,* dieser humorloseste Mensch der Geschichte (wie alle seine Nachfolger). Unser Witz karikiert sie (wie er ja auch jene Tiefe ahnen läßt, in der der Mensch wirklich die Mächte »zertreten« kann, wenn diese sich in seine Hände geben).

Und es gibt die Resignation, die aufhört, die Hände über den Abgrund hinweg auszustrecken: »Gut ist der Schlaf; der Tod ist besser; das beste freilich wäre – nie geboren sein ...«

Zum Humor gehört Demut – aber dafür erhält der Mensch die Gabe, (manchmal) glücklich zu sein. Der Humorvolle hat sich »einverstanden« erklärt – und so gewinnt er dem Tod sein Leben ab.
Ein Vater geht mit seinem kleinen Sohn ins Krankenhaus zur Mutter, die gerade geboren hat. Der Sohn betrachtet recht indi-

gniert das Brüderchen. »Nun«, sagt der Vater, »gefällt er dir?« Aber der Sohn schüttelt den Kopf. »Der hat ja gar keine Haare«. Der Vater erklärt ihm, daß die Haare noch üppig wachsen werden. Und als der Sohn moniert, daß das Brüderchen keinen Zahn habe, erklärt der Vater geduldig, auch diese würden noch wachsen (und die Mutter sei beim Stillen wohl sehr froh darüber, daß das Brüderchen noch ohne Zähne sei). Und als der Sohn darauf hinweist, daß der kleine Kerl voller Falten im Gesicht sei, beteuert der Vater, das Gesichtchen werde so glatt sein wie bei allen andern Geschwistern. Aber der Sohn schüttelt noch immer den Kopf: »Nein, Vater, du kannst sagen, was du willst – da haben sie uns 'nen Alten gegeben ...«

Geburt und Tod, Wiege und Grab sind hier humorvoll bejaht. Dieser Witz entspringt dem Mutterboden des Humors und gehört damit zu den besten Witzen, die ich kenne. (Eine Kultur des Witzes ist dringend notwendig; sie kann nur durch eine Verankerung des Witzes im Humor geschehen; im Augenblick gehört der deutsche Witz zu den seichtesten Europas – hier tobt sich die Geistlosigkeit ungestraft aus.)

Nach der Vulgata geht im Gleichnis vom vierfachen Ackergrund (Mk 4,1 ff) ein Samen zugrunde, weil er keinen Humor hat. Humor hat also durchaus auch mit der Ausbreitung des Gottesreiches zu tun – und heute wohl sehr viel. *Hermann Kirchhoff*

8 Kunst liebend

Was beim Auffassen eines Kunstwerks gefordert wird, ist nicht nur ein Sehen oder Hören, wie bei den Gegenständen der Umgebung sonst; gar ein Genießen und Sich-Vergnügen, wie bei irgendeiner Erfreulichkeit. Das Kunstwerk öffnet vielmehr einen Raum, in welchen der Mensch eintreten, in dem er atmen, sich bewegen und mit den offen gewordenen Dingen und Menschen umgehen kann. Darum muß er sich aber bemühen – und damit wird, an einem besonderen Punkt, jene Aufgabe deutlich, die für uns Heutige so dringlich ist wie kaum eine sonst, nämlich die der Kontemplation. Wir sind Aktivisten geworden und stolz darauf; in Wahrheit haben wir verlernt, still zu werden, uns zu sammeln, zu öffnen, zu schauen und die Wesenheiten in uns aufzunehmen. Darum haben auch, trotz allen Redens von Kunst, so wenige ein echtes Verhältnis zu ihr. Die meisten fühlen wohl irgend etwas

Schönes; oft kennen sie Stile und Techniken; manchmal suchen sie auch nur nach stofflich Interessantem oder sinnlich Anreizendem. Das echte Verhalten vor dem Kunstwerk hat damit nichts zu tun. Es besteht darin, daß man still wird, sich sammelt, eintritt, mit wachen Sinnen und offener Seele schaut, lauscht, miterlebt. Dann geht die Welt des Werkes auf.

In ihrem Raum erfährt der Betrachter aber auch, daß mit ihm etwas geschieht. Er kommt in einen anderen Zustand. Die Verschlossenheit, welche sein Wesen umgibt, lockert sich – mehr oder weniger, je nachdem, wie tief er in das betreffende Kunstwerk eingeht, wie lebendig er es versteht, wie nahe er ihm zugeordnet ist. Er wird sich selber deutlicher; nicht theoretisch reflektierend, sondern im Sinne unmittelbarer Aufhellung. Die Schwere des eigenen undurchlebten Vorhandenseins leichtet sich. Er wird tiefer der Möglichkeit inne, selbst echt, rein, erfüllt und ausgeformt zu werden. *Romano Guardini*

9 einer, der spielen kann

Der spielende Mensch ist ein Mensch des Ernstes, weil er immer um beides zugleich weiß, um die Sinnhaftigkeit sowohl, als auch um die Nichtnotwendigkeit seines geschaffenen Daseins. Und hierin enthüllen sich die zwei Aspekte des irdischen Lebens, die der wahrhaft spielende Mensch mit wacher Schärfe sieht; das Dasein ist fröhlich (weil in Gott geborgen) und tragisch (weil in der Freiheit gefährdet). Es ist eine Mischung aus Freude und Leid, eine Komödie und eine Tragödie zugleich. Denn es gibt kein Spiel ohne tiefen Ernst, und selbst wenn Kinder spielen, treten sie mit einer fast mythischen Kraft in den Bannkreis der absoluten Verpflichtung und unter den Schatten eines möglichen Verlierens. Aus dieser dialektischen Spannung, die unaufhebbar ist, solange wir ein in Materie wandernder Geist sind, entbindet sich nun ein Wesenszug des spielenden Menschen, den wir aus der Fülle anderer hier möglicher Aspekte herausgreifen: der spielende Mensch ist der »Ernstheitere« . . .

Wir wollen also zeigen, wie dieser Mensch immer ein doppelter ist: ein Mensch der heiteren Geistesentbundenheit, sozusagen der seelischen Eleganz, der unbesiegbaren Geborgenheit; und ebenso ein Mensch der Tragik, des Lachens und Weinens, oft geradezu der gelassenen Ironie, da er die tragisch lächerlichen Masken des Lebensspiels durchschaut, die bedrückenden Grenzen des irdischen Daseins ausgemessen hat. Und nun ist es so: nur wer diese beiden Gegensätze in eine seelische Einheit bringt, ist in Wahrheit ein spielender Mensch. Wäre er nur das eine, so müßten wir ihn einen unernst Verspielten nennen; wäre er nur das zweite, so bliebe er ein Verzweifelter. Die Synthesis aber ist der homo ludens, der Ernstheitere, der Mensch des gelösten Humors, der noch unter Tränen lacht und am Grund aller irdischen Heiterkeit den Bodensatz des Ungenügens findet. Diese Ernstheiterkeit (Humor ist ein schönes, aber zu abgegriffenes, ja mißbrauchtes Wort) schwebt zwischen Himmel und Erde. »Humor ist nicht ohne die Zeit denkbar; aber er gehört doch zu den Dingen, die auch nicht ohne die Ewigkeit denkbar sind«, schrieb *Theodor Haecker* in seinen Tag- und Nachtbüchern, mitten in dem Grauen des deutschen Zerfalls, der nur den sturen Ernst einer verteufelten Zweckhaftigkeit gelten ließ. Und so versuchen wir denn, diese Synthese auszudeuten in jeder fast mozartisch schwebenden Haltung zwischen Tränen und Lächeln, zwischen Fröhlichkeit und Geduld, mit der die Kirchenväter der Urzeit auf ein paar ihrer schönsten Seiten geschrieben haben vom »göttlichen Kinderspiel« dieses irdischen Lebens.

Der spielende Mensch ist uns zunächst ein Mensch der ernsten Heiterkeit. Es liegt am Grunde jedes Spiels ein tiefes Geheimnis – wir ahnten es schon im Blick auf den schöpferisch spielenden Gott: alles Spiel, genau so wie der tiefste Ernst einer zu lösenden Lebensaufgabe, strebt nach jener Angleichung an den Weltschöpfer, der sein Werk vollzieht mit dem göttlichen Ernst der inneren Sinnhaftigkeit, und doch zugleich mit der gelassenen Geste einer göttlich gekonnten, niemals notwendigen Künstlertätigkeit.

Im Spiel ebenso wie im Ernst erprobt sich der vollkommen weise gewordene Mann. Diese Ernstheiterkeit erblüht nur in der Mitte zwischen Himmel und Erde: in einem Menschen, der die bunte Welt liebt und zugleich belächelt, der um ihre Herkunft aus Gott weiß und zugleich um ihre Grenzen, in denen sich alle Dinge stoßen, um so das Komische, das Tragische hervorzurufen, über das man sich ärgert, das man grimmig oder gütig gelassen hinnimmt, das uns bestürzt – und immer zugleich beglückt.

Dieser Humor des spielenden Menschen ist gewachsen in der irdischen Unvollkommenheit und ist erblüht in der Liebe zur Welt. Ohne diesen göttlichen Tropfen des Öls müßte die Maschine der Welt knirschen und stillstehen ...

Der innerste Wesenskern des Humors liegt, so ketzerisch das klingen mag, in der Kraft der religiösen Haltung. Denn der Humor sieht das Irdische und Menschliche in seiner Unzulänglichkeit zu Gott. Darum ist hier der Ort, wo wir ein paar Gedanken über das christliche Ideal eines ernstheiteren Menschen anfügen dürfen. Denn es will uns scheinen, als sei erst durch den Glauben an die wahre Menschwerdung Gottes überhaupt die Möglichkeit gegeben, jene »heitere Sicherheit und Freiheit« zu gewinnen, ohne die ein gelöstes Spiel nicht möglich ist. *Theodor Haecker* hat darum recht, wenn er schrieb, dieser Humor sei der reale menschliche Hintergrund der christlich-europäischen Kultur. *Hugo Rahner*

10 auf Spuren der Engel

Welchen Rang nimmt die Musik in unserer religiösen Erziehung ein? Hat sie nur Bedeutung für »schöne Seelen«, ist sie lediglich ein Relikt des Bildungsbürgertums oder gehört sie auch in ein religionspädagogisches Konzept hinein, das den ganzen Menschen entfalten möchte und ihm die Sinne für das Ganze der Wirklichkeit öffnen will? Wenn vom Musischen in der religiösen Erziehung gesprochen wird, dann erblickt man darin ein heilsames Gegengewicht gegen die Kopflastigkeit unserer religiösen Unterweisung.

Erschöpft sich darin die religionspädagogische Funktion der Musik, wenn das Schöne der Abglanz der Wahrheit ist und es ebenso wie das Wahre, Gute und Eine zu den Transzendentalien, das heißt zu den Bestimmungen des Seins, gehört, dann kann der Mensch beim Anhören von Musik etwas von der geheimen Macht der Transzendenz erahnen. Man beobachte nur einmal junge Menschen, wie hingebungsvoll sie ihren Lieblingsmelodien lauschen. Sie geraten förmlich in Ekstase und vergessen alles andere um sich herum. Sie fühlen sich in eine »andere Welt« versetzt. In diesem Augenblick überschreiten sie die engen Grenzen ihres alltäglichen Daseins und werden von einer Woge unbeschreiblichen Glücks erfaßt. So bekennt ein Jugendlicher: »Musik spielt in meinem Leben eine wichtige Rolle. Es gibt manche Songs, die scheinen all meine Gefühle freizusetzen. Bestimmte Akkorde in einem Lied machen mir jedesmal eine Gänsehaut, wenn ich sie höre. Bei anderen Liedern kann ich kaum die Tränen zurückhalten. Mein größtes Vergnügen ist meine Gitarre, denn da kann ich mit meinen beiden Händen Musik machen. Wenn ich spiele, kann mein Zimmergenosse mich nicht ansprechen, ich bin dann in einer anderen Welt.«

Im »Kaufmann von Venedig« läßt *William Shakespeare* im Hymnus an die Musik seinen *Lorenzo* Ähnliches sagen, wenn er die »Klänge süßer Harmonie« beschwört.

Lorenzo: *Wie süß das Mondlicht auf dem Hügel schläft!*
Hier sitzen wir und lassen die Musik
Zum Ohre schlüpfen; sanfte Still und Nacht,
Stimmt zu den Klängen süßer Harmonie.
Komm, Jessica! Sieh, wie die Himmelsflur
Ist eingelegt mit Scheiben lichten Goldes!
Auch nicht der kleinste Kreis, den du da siehst,
Der nicht im Schwunge wie ein Engel singt,
Zum Chor der hellgeaugten Cherubim.
So voller Harmonie sind ewge Geister:
Nur wir, weil dies hinfällge Kleid von Staub
Uns grob umhüllt, wir können sie nicht hören.
He! kommt und weckt Dianen auf mit Hymnen,
Rührt eurer Herrin Ohr mit zartem Spiel,
Zieht mit Musik sie heim.

Jessica: *Nie macht die liebliche Musik mich lustig.*

Lorenzo: *Der Grund ist, Eure Geister sind gespannt.*
Bemerkt nur eine wilde flüchtge Herde,
Der ungezähmten jungen Füllen Schar:
Sie machen Sprünge, brüllen, wiehern laut,
Wie ihres Blutes heiße Art sie treibt;
doch schallt nur die Trompete oder trifft
Sonst eine Weise der Musik ihr Ohr,
So seht Ihr, wie sie miteinander stehn;
Ihr wildes Auge schaut mit Sittsamkeit,
Durch süße Macht der Töne. Drum lehrt der Dichter,
Gelenkt hab Orpheus Bäume, Felsen, Fluten,

Weil nichts so stöckisch, hart und voll von Wut,
Das nicht Musik auf eine Zeit verwandelt.
Der Mann, der nicht Musik hat in ihm selbst.
Den nicht die Eintracht süßer Töne rührt,
Taugt zu Verrat, zu Räuberei und Tücken;
Die Regung seines Sinns ist dumpf wie Nacht,
Sein Trachten düster wie der Erebus.
Trau keinem solchen! – Horch auf die Musik!«

William Shakespeare

Für diesen *Lorenzo* im »Kaufmann von Venedig« (5. Akt, 1. Szene) ist der Mensch, der kein Organ für »die süße Macht der Töne« hat, nicht vertrauenswürdig. Musik dagegen vermag Spannungen zu lösen und Gemeinschaft zu stiften. »Ohne Musik wäre das Leben ein Irrtum«, meinte *Nietzsche*.

Gewiß, Musik kann auch zum Religionsersatz werden; sie kann an die Stelle der Offenbarung treten. Man kann sich auch dem Musikgenuß hingeben, ohne daß er Spuren im eigenen Innern hinterläßt. Von Henkern des Dritten Reiches wird erzählt, daß sie nach vollbrachter Tat Erholung bei der Musik Beethovens suchten.

Insofern bleibt das Musikerlebnis zwiespältig, vor allem wenn der Geist in das Gefängnis allzu irdischen Begehrens eingesperrt ist, wie Shakespeares Lorenzo sagt. Daher trifft auch uns der Ruf *Lorenzos:* »Komm, Jessica, schwing dich empor zum Chor der Cherubim. Laß dich vom Klang der Töne fortreißen zu höheren Sphären.«

Wer sich und andere der Musik öffnet, befindet sich auf den »Spuren der Engel«.

Ralph Sauer

11 wie eine Kerze

Kerze

Bienenfleißige Arbeit
Wachsgegossene Wärme

Duft

der Bienen und Blumen
der Waben und Wiesen
des Sommers und der Sonne

Lichtgewordenes Zeichen

gegenwärtig
vergehend
schutzbedürftig
schutzspendend

Symbol

für Gottes Nähe
Verschenken
Schenken
Geschenk

Wachsgegossene Wärme
Bienenfleißige Arbeit

Kerze

Dieter Wagner

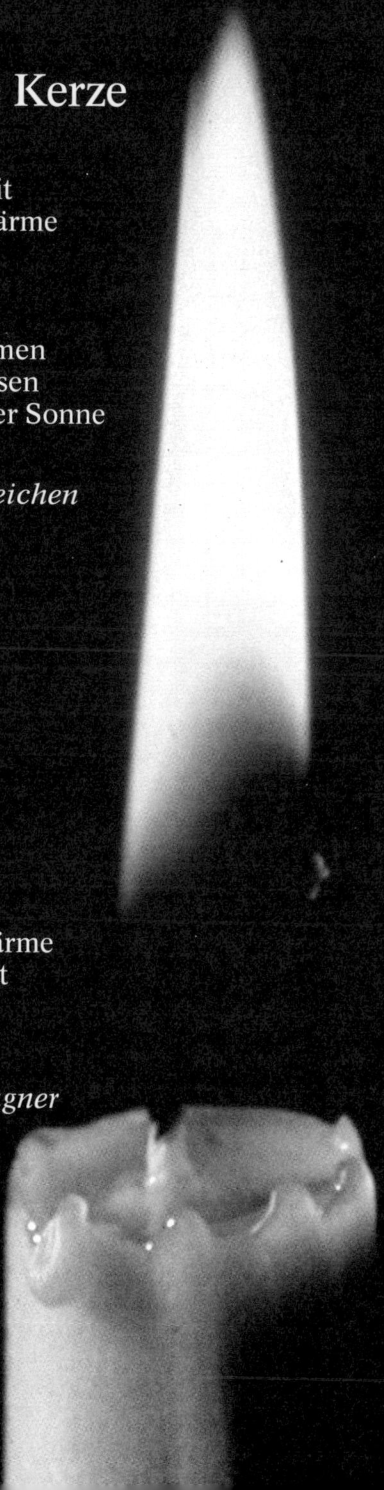

12 zwischen glauben und verzweifeln

Das Feuer erwärmt uns, nicht der Rauch. Das Schiff trägt uns über das Meer, nicht das brandende Meer. Was wir sind, müssen wir in der dunklen Tiefe unseres Wesens suchen, nicht im äußeren Widerschein unserer Handlungen. Unser wahres Ich müssen wir nicht im aufschäumenden Zusammenprall unseres Wesens rings um uns erkennen, sondern in der eigenen Seele, dem Urgrund all unseres Tuns.

Die Seele aber ist verborgen, unsichtbar. Ich kann sie nicht sehen, sie ist in mir verborgen. Meine eigenen Augen kann ich auch nicht sehen. Sie sind mir zu nah. Sie sind nicht bestimmt, sich selbst zu sehen. Ich weiß, daß ich Augen habe, wenn ich andere Dinge mit ihnen sehe.

Jedoch kann ich meine Augen im Spiegel sehen. So etwa spiegelt sich meine Seele in meinen Tun. Was aber im Spiegel sichtbar wird, ist nur der Widerschein dessen, was ich bin, nicht mein wahres Sein. Der Spiegel der Worte und Handlungen offenbart mein Wesen nur zum Teil . . .

Meine Seele findet sich selbst nicht, wenn sie nicht handelt. Darum muß sie handeln. Träges Verharren und Untätigkeit führen zu geistigem Tod. Doch darf die Seele sich nicht völlig in den äußeren Wirkungen ihrer Betätigung verlieren. Ich brauche mich selbst nicht zu *sehen*, ich muß nur ich selbst *sein*. Ich muß denken und handeln wie ein lebendiges Wesen, aber ich darf nicht mein ganzes Ich in meinen Gedanken und Handlungen aufgehen lassen und auch nicht ständig versuchen, mich selbst in der geleisteten Arbeit zu finden. Die Seele, die restlos im Handeln aufgeht, die außer sich ist, gleicht einem Verrückten, der vor seinem Hause schläft, anstatt drinnen zu wohnen, wo es ruhig und warm ist. Die Seele, die sich veräußerlicht, um sich in ihrer eigenen Leistung wiederzufinden, ist ein Feuer, das nicht brennt, sondern nur in Rauch aufgeht.

Daß es den Menschen so danach verlangt, sich selbst zu sehen, statt sich damit zufrieden zu geben, er selbst zu sein, hat seinen Grund darin, daß er nicht recht an eine eigene lebendige Seele glaubt. Und er glaubt nicht an ihre Existenz, weil er nicht an Gott glaubt. Das trifft auf jene zu, die vorgeben, an Gott zu glauben (ohne ihren Glauben in Tat umzusetzen), wie auch auf andere, die nicht einmal vorgeben, irgendeinen Glauben zu haben . . .

Wenn ein Mensch sich immer und immer wieder in seinem eigenen Tun bespiegelt, spaltet seine geistige Doppelsicht ihn in zwei Gestalten. Und schließlich vergißt er, welche von beiden die echte ist. Tatsächlich ist sowohl in ihm selbst wie in dem Schatten nichts mehr von Echtheit zu finden. Sein Wesen ist von seinem Schatten aufgesogen, und anstelle einer wirklichen Person ist er zu zwei Schatten geworden.

Dann beginnt der Kampf. Während der eine Schatten dazu bestimmt war, den anderen zu loben, beschuldigt jetzt ein Schatten den anderen. Die Aktivität, die ihn preisen sollte, macht ihm Vorwürfe und verurteilt ihn. Nie ist er wirklich genug. Nie aktiv genug. Je weniger er fähig ist, zu *sein*, um so mehr soll er es *tun*. Er wird zu seinem eigenen Peiniger – ein Schatten, der einen Schatten zu Tode peitscht, weil er aus seiner eigenen Fiktion keine Wirklichkeit hervorbringen kann.

Dann kommt die Angst. Der Schatten bekommt Angst vor dem Schatten. Er, der »nicht ist«, fürchtet das, was er nicht tun kann. Während er sich eine Zeitlang der Illusion unendlicher Kraft und wundersamer Heiligkeit hingab (die er aus dem Spiegel seiner tugendhaften Handlungen herauslas), hat sich nun alles gewandelt. Wellen von Nichtigkeitsgefühl, von Ohnmacht, von Hoffnungslosigkeit überfluten ihn bei allem, was er unternimmt.

Dann richtet und haßt der Schatten den Schatten, der kein Gott ist und der nichts tun kann.

Selbstbeschau führt uns zu schrecklicher Verzweiflung – zur Verzweiflung eines Gottes, der sich selbst auf den Tod haßt. Das ist die Perversion des Menschen, der zum Ebenbild des wahren Gottes erschaffen ist, zur Liebe eines hohen Gutes – eines Gutes, das er (wohlgemerkt) in sich selber finden sollte!

Thomas Merton

13 im Kampf mit sich selbst

O, großer Geist
dessen Stimme ich in den
Winden vernehme und dessen
Atem der ganzen Welt
Leben spendet, HÖRE MICH!
Ich trete vor dich hin als

eines deiner vielen Kinder.
Ich bin allein: ich bin klein
und schwach. Ich bedarf deiner
Kraft und Weisheit! Laß
mich in Schönheit wandeln
und laß meine Augen
immer den purpuren Sonnen-
untergang schauen. Laß meine
Hände die Dinge verehren, die
du gemacht hast und meine
Ohren deine Stimme hören.
Schenke mir deine Weisheit, damit
ich die Lehre, die du in jeder
Blume und in jedem Stein
verborgen hast, erkennen möge!
Nicht um meinen Brüdern
überlegen zu sein, suche ich Kraft,
sondern um meinen größten
Feind bekämpfen zu können –
mich selbst

Gebet eines Sioux

14 keine Computer-Nummer

Kürzlich hörte ich den Vortrag eines Städteplaners. Und hier, sagte er, auf ein Modell zeigend, bauen wir eine Schikane ein, und hier ebenfalls – er meinte, für die Autofahrer ein Erschwernis; sie sollen einen anderen Weg wählen. Ich staunte; ich kannte bis dahin nur das Wort schikanieren in der Bedeuteung: böswillig einem Mitmenschen Ärgerliches zumuten.

Heute werden oft Wörter gebraucht, ohne daß man sich über ihren Inhalt Rechenschaft gibt. Das scheint mir ein Zeichen dafür, wie oberflächlich und fantasielos Sprache gehandhabt wird. Zum Beispiel im Sport: Die Mannschaft versagt, weil sie nicht über das erforderliche Spielermaterial verfügt; oder in der Schule: Der Lehrer erreicht seine Lernziele nicht, weil das Schülermaterial nicht die hinlängliche Qualität hat – hier werden Menschen wie Material angesehen.

Ein Betrieb sucht Halbtagskräfte und die Schule eine Lehrkraft – das heißt: Kraft ist gefragt, nicht der Mensch. Die Personalbeschaffung macht Probleme; die Materialbeschaffung nicht.

Material ist Rohstoff, den ich für vielerlei Dinge verwenden kann, aber kann man Menschen gebrauchen wie man Dinge gebraucht? An Material besteht kaum ein Mangel, aber – so scheint es – an Menschlichkeit, an Achtung vor der Würde des andern. Wenn der Mensch nur noch Arbeitskraft ist, eingespannt in den Arbeitsprozeß und jederzeit auswechselbar – wenn der Mensch nur noch angesehen wird nach seiner meßbaren Leistung – dann wird die Arbeit für ihn zur Last und zur Erniedrigung. Brauchbar ist ein beliebtes Wort: brauchbare Bürger, brauchbare Soldaten, brauchbare Verbraucher – und was wird aus den unbrauchbaren?

Selbst in Krankenhäusern hört man manchmal, wie nicht der Mensch zählt, sondern seine kranken Organe: der Blinddarm von Nummer 17.

Für die Maschinen, die Menschen erfunden haben, gelten Begriffe wie Abnutzung, Ausrangieren, Schrottwert. Der Mensch aber soll aus seiner Arbeit einen Gegenwert gewinnen, von dem er auch dann noch zufrieden leben kann, wenn er keine zählbaren Erfolge mehr aufzuweisen hat. Wo man nur den Zweck sieht, kann man wegwerfen, was seinen Zweck nicht oder nicht mehr erfüllt. Aber menschliches Leben erschöpft sich nicht zwischen Leistung am Arbeitsplatz und Konsum in der Freizeit, sozusagen in einem Dasein aus zweiter Hand.

Welchen Rang nimmt der Mensch in der Wertskala unserer Gesellschaft ein? Soviel auch vom Menschen die Rede ist, was gilt er wirklich? Der persönliche Freiheitsraum scheint immer enger zu werden; der einzelne kann immer weniger selbst entscheiden; mit der verwalteten und verplanten Welt finden zu viele sich ab – es sind Menschen »ohne Nam' und Gesicht, niemand weiß, daß ihr noch da seid«. So hat es Bert Brecht formuliert. Menschen, die keinen Namen besitzen, sind jederzeit austauschbar. Man ersetzt heute immer öfter Namen durch Ziffern. Namen sind für Computer zu umständlich.

Im Alten Testament hat Gott zu seinem Volk gesagt: Ich habe dich mit deinem Namen gerufen. Gott sagt dieses Wort zu jedem Menschen. Er hat mich unverwechselbar geschaffen. Ich bin für ihn nicht ein unbekanntes und ungenanntes Teilchen seiner Weltmaschine – ich habe einen Namen.

In einem neuen Gebetbuch lese ich die Sätze: »In meinem Paß steht: Besondere Kennzeichen keine. Aber ich hoffe, daß das nicht wahr ist. Und dann steht da noch eine Zahl, aber wenigstens bei Gott bin ich mehr als eine Zahl.«

Was also ist der Mensch? Die Bibel antwortet darauf mit einer Frage: Was ist der Mensch, daß du, Herr, an ihn denkst? Und das heißt: Diesem Gott in all seiner Größe ist der Mensch, auch der geringste, wichtig. Keiner ist bei ihm je vergessen.

Friedrich Dietz

15 einer wie Bileam

Bileam, der Sohn Beors, unternahm im Auftrage Gottes in wichtigen Staatsgeschäften eine Dienstreise, und er ritt auf einer Eselin. Gott jedoch gefiel der Weg nicht, den er gewählt hatte, und er schickte einen Engel, um Bileam aufzuhalten. Er bewirkte jedoch, daß der Engel mit dem bloßen Schwert nur der Eselin sichtbar war – was übrigens häufig geschieht. Als sie das Hindernis sah, handelte die Eselin vernünftig und verließ den Weg; Bileam, der den Engel nicht sah, verhielt sich ebenfalls vernünftig und schlug sie mit dem Stock, um sie zur Rückkehr auf den Weg zu zwingen. Die Sache wiederholte sich dreimal, bis Gott schließlich der Eselin Sprache verlieh und sie laut schrie: »Was habe ich dir getan, daß du mich geschlagen hast nun dreimal?« Bileam, über ihre Sprache nicht sonderlich verwundert, denn zu jener Zeit geschahen noch ganz andere Dinge, erwiderte wütend: »Du machst dich lustig über mich! Schade, daß ich kein Schwert habe, sonst würde ich dich anders hernehmen.« Gott, der durch das Maul des einfachen und untertänigen Viehs sprach, zögerte lange, dem Reiter zu sagen, worum es gehe. Viel lieber stritt er mit Bileam herum, der schon weiß war vor Wut. Schließlich hatte er Mitleid mit beiden und machte den Engel auch für Bileam sichtbar. Und da begriff dieser die Situation sofort. Der Engel jedoch begann zu schimpfen: »Warum schlugst du das unglückliche Tier? Diese Eselin«, schrie er, »rettete dir das Leben. Wäre sie weitergegangen, hätte ich dich mit diesem Eisen vernichtet, aber sie hätte ich leben lassen.« »Gnädiger Herr«, verteidigte sich Bileam, »wie hätte ich dich sehen können, wo du mir gar nicht erschienen bist?« »Ich frage dich nicht, ob du mich gesehen hast«, schrie der Engel, »ich frage dich, warum du das unschuldige Tier geschlagen hast?« »Aber mein Wohltäter«, sagte stotternd Bileam, »ich schlug sie, weil sie mir nicht gehorchte, jeder andere hätte das getan an meiner Stelle.« »Schiebe die Schuld nicht auf die ‚anderen'«, tobte der Engel weiter, »wir sprechen von dir und nicht von den ‚anderen'. Sie widersetzte sich dir, weil ich ihr das befahl. Indem du sie schlugst, widersetztest du dich mir, der ich dein Vorgesetzter bin, und auch Gott, der mich gesandt hatte und der ein noch höherer Vorgesetzter ist.« Aber verehrter, geliebter Herr«, jammerte Bileam, »ich habe dich doch nicht gesehen, also wie konnte ich ...?« »Du sprichst wieder über ein anderes Thema«, unterbrach ihn der Engel, »ihr seid alle gleich. Jeder sündigt und sagt, er habe nichts gesehen. Man müßte die Hölle schließen, wenn man solchen Ausflüchten Glauben schenken wollte. Du hast objektiv gesündigt, verstehst du? Du hast dich Gott objektiv widersetzt.« »Ich verstehe«, sagte Bileam traurig und demütig. Er stand auf dem Weg, klein, fett, unglücklich und wischte sich den Schweiß vom kahlen Kopf. »Ich verstehe, ich bin ein objektiver Sünder, also überhaupt ein Sünder. Ich habe erstens gesündigt, weil ich dich nicht sah. Ich habe zweitens gesündigt, weil ich das unschuldige Tier schlug. Ich habe drittens gesündigt, weil ich entgegen Gottes Verbot weiterreiten wollte. Ich habe viertens gesündigt, weil ich mit dir stritt. Ich bin ein Gefäß der Sünde, unreiner Abfall, für den die Hölle noch eine Wohltat wäre. Ich habe gesündigt, Herr. Habe Mitleid, Herr. Alles kommt von dieser verdammten Heftigkeit.« »Na gut, hör schon auf mit deinen Rechtfertigungen«, brummte der Engel, schon ruhiger geworden, reite jetzt weiter.« »In welcher Richtung, Herr?« fragte Bileam. »In die gleiche, in die du rittest«, erwiderte der Engel. Bileam stöhnte auf und weinte: »Du wolltest mich doch gerade aufhalten, Herr.« »Das habe ich doch schon, und jetzt kannst du weiterreiten«, erwiderte der Engel. »Wozu hast du mich dann angehalten, Herr?« »Hör auf zu philosophieren, Sünder; Gott wollte es so.« Resigniert setzte Bileam sich auf die Eselin, die sogleich lostrottete und sagte: »Im Endeffekt bin ich die am meisten Geschädigte; mein Herr hat lediglich eine moralische Unannehmlichkeit erfahren, aber mir tut der Buckel weh.« Dann entfernten sich die beiden.

Diese Geschichte läßt viele moralische Schlußfolgerungen zu, aber wir werden nicht alle anführen. Es muß nur folgendes erwähnt werden: Wäre der Engel für Bileam sichtbar gewesen, hätte dieser die Eselin gewendet, die sicher gehorsam vom Weg abgewichen wäre. Aber dann hätte er keine verdienstvolle Handlung begehen können – denn was ist es für ein Verdienst, einem sichtbaren Hindernis auszuweichen? Ein Verdienst ist es nur, einem unsichtbaren auszuweichen. Das jedoch wollte er eben nicht tun.

Erste Moral: Schätzen wir die Stimme eines Tieres nicht gering – denn es weiß gelegentlich etwas besser als wir.

Zweite Moral: Unwissenheit ist eine Sünde, und indem wir uns mit Unwissenheit rechtfertigen, fügen wir den alten Sünden eine neue hinzu.

Dritte Moral: Es spricht gegen den gesunden Menschenverstand, den gesunden Menschenverstand zum Streit mit dem absoluten Verstand zu benutzen.

Vierte Moral: Von der objektiven Schuld kann uns nicht einmal Gott befreien.

Fünfte Moral: So sind die Folgen, wenn zwei sich vernünftig verhalten, aber jeder von anderen Voraussetzungen ausgeht.

Leszek Kolakowsky

16 ein Tänzer des Gehorsams

»Wir haben auf der Flöte gespielt,
und ihr habt nicht getanzt«

Heute ist 14. Juli.
Jedermann geht zum Tanz.
Allerorten, seit Monaten, Jahren, tanzt die Welt.
Je mehr man drin stirbt, um so mehr tanzt man.
Wogen des Krieges, wogender Ballsaal.

Das Ganze macht wirklich viel Lärm.
Die ernsthaften Leute haben sich schlafen gelegt.
Die Mönche singen die Matutin vom heiligen König Heinrich.
Ich aber denke
An den anderen König
Den König David, der vor der Arche tanzte.

Denn wenn es viele heiligmäßige Leute gibt, die nicht gern tanzen,
Gibt es doch viele Heilige, die ein Bedürfnis nach Tanz besaßen,
So froh waren sie zu leben:
Teresa mit ihren Kastagnetten,
Juan vom Kreuz mit dem Jesuskind auf seinem Arm,
Und Francesco angesichts des Papstes.
Wären wir mit dir zufrieden, Herr,
Wir könnten dieser Tanzlust nicht widerstehen,
Die sich durch die Welt hin ergießt.
Und wir könnten sogar erraten,
Welchen Tanz du von uns aufgeführt haben möchtest,
Einstimmend in den Rhythmus deiner Vorsehung.

Denn ich vermute, du hast von den Leuten genug,
Die ständig davon reden, dir zu Diensten zu sein mit der Miene von Feldwebeln,
Dich zu kennen mit der Pose von Professoren,
Nach Sportregeln zu dir gelangen
Und dich lieben, wie man einander liebt in einem alten Haushalt.

Eines Tages, da du ein wenig Lust nach etwas anderem hattest,
Erfandest du den heiligen Franz
Und machtest deinen Gaukler aus ihm.
An uns ist's, uns von dir erfinden zu lassen,
Um fröhliche Leute zu sein, die ihr Leben mit dir tanzen.

Will einer ein guter Tänzer sein, mit dir oder sonstwie, darf er nicht wissen,
Wohin es führt.
Nur folgen muß man,
Aufgelegt sein
Und schwerelos,
Und vor allem sich nicht versteifen.
Man soll dir keine Erklärung abverlangen
Über die Schritte, die du zu tun beliebst,
Sondern sein wie eine Verlängerung
Deiner, behende und wendig,
Und durch dich hindurch den Takt des Orchesters aufnehmen.

Man darf nicht um jeden Preis vorankommen wollen,
Sondern soll zufrieden sein, sich zu drehen, seitwärts zu steppen,
Anzuhalten, wenn nötig, und zu gleiten, anstatt zu schreiten.
Und all das wären nur idiotische Schritte,
Machte nicht die Musik daraus eine Harmonie.

Herr, lehre uns den genauen Platz,
Den in dem endlosen Roman,
Der sich zwischen dir und uns abspielt,
Der Ball einnimmt, dieser seltsame Ball des Gehorsams.

Offenbare uns das große Orchester deiner Heilspläne,
Worin das, was du zuläßt,
Befremdliche Töne von sich gibt
Inmitten der Heiterkeit deiner Verfügungen.
Lehre uns, täglich die Art
Unseres Menschseins anzuziehen

Wie ein Ballkleid, das uns alles an ihm um deinetwillen
Liebenswert macht wie unentbehrlichen Schmuck.

Gib, daß wir unser Dasein leben
Wie einen Ball, einen Tanz
in den Armen deiner Gnade,
Während Musik der Liebe uns allseits umfaßt.

Herr, komm und lade uns ein. *Madeleine Delbrêl*

17 einer, der beten kann

Wer darf zu dir beten, Gott?
Wer darf guten Gewissens dein Haus betreten und Gottesdienst feiern?

Wer sich einsetzt für Recht und Gerechtigkeit,
ohne immer nur an den eigenen Vorteil zu denken;
wer andere nicht mit fadenscheinigen Ausreden oder glatten Lügen an der Nase herumführt,
sondern die Wahrheit offen sagt;
wer andere nicht ins schlechte Licht rückt, um selbst mehr zu »glänzen«;
wer seine Nachbarn nicht ins Gerede bringt
und nicht schadenfroh und hinterlistig falsche Gerüchte
in die Welt setzt;
wer an Gott glaubt, auch wenn es eben nicht modern und schick ist;
wer keinen Meineid schwört, wenn es ihm an den Kragen geht;
wer sein Taschengeld nicht hortet, sondern etwas übrig hat für einen, der weniger hat als er, für alle, die arm sind und hungern müssen;
wer sich nicht umstimmen, nicht »kaufen« läßt
mit Lob und Geschenken,
sondern bei seiner Überzeugung bleibt, wenn er sie für richtig hält.

Wer so handelt, findet offene Ohren bei Gott.
Gott läßt ihn ganz bestimmt nicht im Stich.

Norbert Weidinger nach Psalm 15

Das Leben in die Hand nehmen

laß ich mich treiben
werde ich getrieben
was treibt mich um
ich schwanke wie ein schilfrohr
wie soll ich entscheiden
wie soll ich mein leben leben

es wär zum verzweifeln
wenn ich nicht wüßte
daß du mich führst

ich danke dir
treuer gott
daß du mich führst
daß du mir dennoch freiheit läßt
selber zu tun
was ich will
zu entscheiden
wohin ich gehe

ich danke dir
daß du mir den weg zeigst
daß du mich nicht fallen läßt
wenn ich unsicher bin
nimm mich bei der hand
nimm mein leben in deine hand

18 von Herzen erwünschen

Menschenfreundlich lebt:
Wer festtags feiert und werktags arbeitet;
wer die Armut als seinen Glücksfall betrachtet,
nicht als bittere Notwendigkeit;
wer für die Übersehenen, Sprachlosen, Vergessenen,
die verschrienen Minderheiten Ruf und Karriere riskiert;
wer beim Teilen nicht nur Stücklein vom Rande abbricht,
sondern mitten durchschneidet;
wer keine Rücklagen für »später« bildet,
sondern »jetzt« herausgibt, was den Brüdern zum Leben gehört;
wer wie besessen dem Frieden nachjagt
und dabei ein liebenswerter Mensch wird;

wer in der Treue Jahwes haust
wie in den Baumwipfeln der Hoffnung auf Zukunft;
wer durch Jesus Christus freigesetzt, das Kreuz nimmt,
damit der neue Tarif Gottes gelte;
wer den Geist Gottes in sich zu Wort kommen läßt,
damit er das Evangelium Jesu Christi bezeuge,
nicht das der Menschen.

Abba,
so Mensch werden, immer mehr,
geduldig, glaubwürdig,
liebenswert, gottesfürchtig,
den Menschen ein Mensch,
nicht ein Wolf
nicht ein Gott.

Im Heiligen Geist
durch unseren Bruder Jesus Christus
mitsamt Deinen Töchtern,
Dein Sohn werden,
das erwünsche ich mir von Dir. Amen *Alwin Schoden*

19 sich bewegen lassen

So ergeht es mir manchmal mit einem Bibeltext: Beim besinnlichen Lesen rührt mich ein Gedanke, ein Bild oder eine Aussage so an, daß ich davon nicht loskomme. Es kann ein ganz einfacher

Gedanke sein, der mich »anspringt«, sich bei mir »festmacht« und mich dann »bewegt«.

Manchmal steigen in mir dabei zugleich Ängste auf: Ob es nicht zu einfach, zu landläufig, zu kindlich oder gar kindisch ist, was sich da in mir regt. Oder ob ich nicht die historisch-kritische Methode vernachlässige.

So erging es mir neulich mit Markus 9.

Jesu Verklärung machte mir, einem der drei Jünger, Wirklichkeiten des eigenen Lebens bewußt:

Bleiben wollen – Lassen müssen – Jesus sehen – Weitergehen.

Die Sätze klingen einfältig. Aber ich komme von ihnen vorläufig nicht los. Sie bewegen mich. *Alfons Weiser*

20 sich entscheiden

Was bedeutet eigentlich »Lebensführung«? Es bedeutet, daß wir unser Leben führen, statt daß wir von ihm geführt werden. Zahlreiche Menschen haben keinen festen Zielpunkt, nach dem sie ihr Leben richten und von dem aus sie jeden äußeren und inneren Anreiz beantworten – darum werden sie die haltlose Beute ihrer zufälligen Umgebung, ihrer wechselnden Bekanntschaften, ihrer eigenen Launen und lassen sich ihr Leben lang von allen möglichen Einflüssen und Ereignissen wahllos hierhin und dorthin stoßen.

Selbst viele Menschen, die scheinbar sehr aktiv sind, sind doch im Allerwichtigsten des Lebens passiv; ihre Betriebsamkeit steht nicht im Dienst eines großen leitenden Lebensideals, empfängt nicht von dorther Maß und Richtung, sondern sie folgt prinzipienlos den verschiedensten Gelegenheiten und Anregungen von rechts und links, gehorcht bald den Einfällen des Augenblicks, bald dem Bedürfnis nach Betäubung und Zerstreuung und sollte daher auch gar nicht als »Tätigkeit«, sondern höchstens als »Geschäftigkeit« bezeichnet werden. Es gibt einen fundamentalen Akt der menschlichen Tatkraft, eine erste Bedingung alles wirklich aktiven Verhaltens im Leben: die grundsätzliche Entscheidung für den Weg des Charakters und des Gewissens. Mit dieser Entscheidung hat der Mensch die Passivität an der Wurzel überwunden – er wird Organisator und kein Spieler.

Friedrich Wilhem Foerster

21 ich selber sein

Ein alter Rabbiner, mit Namen Susja, pflegte seine Lehrmeinung über das Leben mit folgendem Satz zu erklären: »Wenn ich einmal im Jenseits ankomme, wird man mich nicht fragen: Warum bist du nicht Moses gewesen? Man wird fragen: Warum bist du nicht Susja gewesen . . .«

Es gibt ein ganz besonderes ekliges Erschrecken, das im Bruchteil einer Sekunde wie ein Messer vom Hals in die Herzkammer fährt und dann betäubt. Als Kind hat solches Erschrecken uns gequält, wenn wir vor der Tür ins Schulzimmer plötzlich wußten, daß wir die falsche Hausaufgabe gemacht hatten. Es hat immer mit Versäumnissen zu tun, die man erst im allerletzten Moment merkt, bevor sie sich auswirken, aber zu spät, um sie aufzuholen; und die deswegen so würgen, weil sie so dumm sind, weil wir etwas verkehrt gemacht haben, wo das Richtige nicht bloß sehr wichtig, sondern im Grunde auch so naheliegend war.

Dann, wenn es zu spät ist, spüren wir es, wie naheliegend es gewesen wäre, nicht das Falsche, sondern das Richtige zu tun . . . Warum bist du nicht Susja gewesen . . .?

Also ist man doch wohl am besten das, was man auf gute Art einzig und allein werden kann: ich selbst. Halt eben Susja. Die Schwierigkeit liegt bloß darin, daß man lange braucht, bis man über sich selbst ein bißchen Übersicht hat. Bis man weiß, wie unser Susja im Innersten denn nun eigentlich aussieht. Und wenn man ihn kennt, will er einem nicht schmecken. Er ist zu grobkörnig, zu verbuckelt. Wir wären so gerne etwas Feierlicheres, Perfekteres, als wir sind, als wir sein können. Aber der liebe Gott hat ihn eben so gemacht, diesen Susja, grobkörnig, nicht in Luxus-Qualität. Warum daran herumkritisieren?

Ernst Schnydrig

22 Mensch bleiben

2. Januar 1940: Die Unsterblichkeit ist in der Liebe. Sie erst macht sie verständlich und auch wünschenswert. Ohne sie wäre sie schrecklich und grausam.

10. Juli 1940: Nach dem Maße seiner Liebe wird ein Mensch von Gott gerichtet. Welcher Liebe? Liebe zu wem oder was? Nun, die Antwort darauf ist so klar und so einfältig wie nur möglich.

Der Sohn Gottes hat gerade diese Frage sozusagen buchstäblich beantwortet, so daß ein Ausweichen unmöglich ist: nach seiner Liebe zu Gott und zum Nächsten. Aber die Liebe ist eine transzendierende Macht, auch, wenn sie »ungeordnet« ist. Sie hat sozusagen ein Übermaß des Göttlichen in sich. Wer aus wirklicher Liebe zu einem Geschöpf eine große Sünde begeht, ist der Vergebung unendlich näher, als wer in Lieblosigkeit eine kleine Sünde begeht. Denn Lieblosigkeit ist selber die größte Sünde, weit größer als jene, die einer in ungeordneter Liebe zu einem Geschöpf begehen kann.

März 1944: Nur die Liebe kennt kein Maß und ist doch in ihrer Maßlosigkeit selber das Maß, das göttliche, an dem wir gemessen werden. *Theodor Haecker*

23 still werden

O Herr! Möchtest Du eines Tages, wenn Du unsere Schöpfung in die Scheuer einbringst, jenes große Tor für die geschwätzige Rasse der Menschen öffnen; möchtest Du ihnen im ewigen Stall ihren Platz weisen, wenn die Zeiten vollendet sind, und unseren Fragen ihren Sinn nehmen, wie man die Krankheiten heilt.

Denn es ist mir vergönnt zu begreifen, daß aller Fortschritt des Menschen in der Entdeckung besteht, wie seinen Fragen, einer nach der anderen, kein Sinn innewohnt; habe ich doch meine Weisen befragt, und sie haben nicht etwa einige Antworten auf die Fragen des letzten Jahres gefunden – nein, Herr, sie lächeln heute über sich selber, denn die Wahrheit kam ihnen als das Auslöschen einer Frage.

Ich weiß wohl, Herr, daß die Weisheit nicht in der Antwort besteht, sondern daß sie von der wetterwendischen Sprache erlöst. Und das gilt auch für die Liebenden, die auf der niedrigen Mauer vor der Orangenpflanzung sitzen, Schulter an Schulter mit baumelnden Beinen und genau wissen, daß sie auf die Fragen keine Antwort erhielten, die sie gestern gestellt haben. Ich kenne aber die Liebe und weiß: sie besteht darin, daß keine Frage mehr gestellt wird. Und ich überwinde Gegensatz um Gegensatz und schreite auf die Stille aller Fragen zu; so finde ich die Seligkeit.

O die Schwätzer! Wie sehr haben sie die Menschen verdorben. Der ist töricht, der von Gott eine Antwort erwartet. Wenn Er dich aufnimmt, wenn Er dich heilt, so geschieht es, weil Er mit seiner Hand deine Fragen gleich dem Fieber von dir nimmt. So ist es.

Herr, wenn Du Deine Schöpfung eines Tages in die Scheuer einbringst, so öffne das doppelte Scheunentor und laß uns dort eintreten, wo nicht mehr geantwortet wird, denn dort gibt es keine Antwort mehr, aber die Seligkeit, die der Schlußstein der Fragen ist, und die Schau, die befriedigt . . .

Stille, Hafen des Schiffes.
Stille in Gott, Hafen aller Schiffe.

Antoine de Saint-Exupéry

24 aufeinander zugehen

Es waren einmal zwei Eisblöcke. Das Verhältnis zwischen ihnen war sehr kühl, was nicht verwunderlich ist. Der eine dachte: Warum kommt der andere nicht näher zu mir? Aber der Eisblock konnte nicht gehen und kommen. Da dachte der eine: Wenn der andere auftaut, dann taue ich auch auf. – Aber weil der Eisblock nicht von selbst auftaute, taute keiner von beiden auf.

So geschah es, daß niemand auf sie zukam, und jeder noch mehr in sich selbst vereiste. Nach Monaten – oder war es nach Jahren? – entdeckte der eine Eisblock eines Mittags, als die Sonne strahlte, daß er schmelzen konnte, und er sah, daß er sich zu Wasser verflüssigte, und daß er doch noch er selbst war. Auch der andere machte diese wunderbare Entdeckung. Über die ganz alltäglichen Wassergräben flossen sie aufeinander zu. Sie begegneten sich. Zwar spürten sie ihre Kälte noch, aber auch ihre Schwachheit und ihren guten Willen, ihre eigene Not und die vom anderen. Sie fanden, daß sie einander nötig hatten und zusammenbleiben müßten.

Da kam ein Kind, und dann noch eins und noch andere Kinder. Und die ließen kleine Schiffe auf dem großen, starken Wasser fahren. Sie hörten, daß die Kinder glücklich waren. Und diese Freude spiegelte sich wie eine Sonne im Wasser. *P. Cornelis*

25 Salz und Licht sein

»Ihr seid das Salz der Erde.« »Ihr seid das Licht der Welt« (vgl. Mt 5,13-14). Worte Jesu an die Jünger. Angesprochen sind nicht nur die wenigen, die damals bei ihm waren; alle sind gemeint, die sich, wo und wann immer, um ihn sammeln, um sein Wort zu hören und versuchen, es in ihrer Umwelt zu verwirklichen. In diesen Bildern wird von etwas Unaufgebbarem, das zum Christsein gehört, gesprochen.

Salz hat reinigende, würzende, erhaltende Kraft. In der sie umgebenden Umwelt soll die Jüngerschaft wie Salz sein. Sie ist das, was sie ist, nicht nur für sich allein, zur Rettung des eigenen Lebens. Salz ist zum Erhalten, zum Schmackhaftmachen, zum Reinigen von anderem da. So ist der Christ als »Salz der Erde« für die andern in Dienst genommen. Das mag schön klingen, aber man darf die Warnung nicht überhören. »Wenn das Salz seinen Geschmack verliert. Das Geschenkte ist verlierbar. Was schal ist, taugt zu nichts mehr.« Wer den Dienst an den Mitmenschen als Getaufter verweigert, verliert etwas, was zum Christsein dazugehört.

Und noch etwas sollen die Jünger sein: »Licht der Welt«. Licht leuchtet nicht für sich selbst, es macht die Dinge sichtbar; zeigt Konturen, Gestalt. Man sollte nicht an extrem helle Lichtquellen denken, an grelles Licht, das den Augen wehtut, das den Betrachter zwingt, sich abzuwenden. Solche Lichtquellen kannte die Umwelt Jesu nicht.

Man kann im Raume christlicher Lebensverwirklichung grellen und abstoßenden Lebensformen begegnen. Statt angezogen zu werden vom schönen Glanz des Lichtes, verdirbt ein grelles Licht alles; es macht blind für den erfahrenen Glauben, manchmal blind für immer. Schlimm, wenn das im Namen von Rechtgläubigkeit geschieht und gar Autoritäten bemüht.

»Licht der Welt« meint nicht Scheinwerfer, sondern die alten Öllämpchen, das einfache, bescheidene, fröhlich flackernde, mild erwärmende, Geborgenheit gewährende, kleine Flächen nur erleuchtende, ein wenig Einsicht schenkende Licht.

So ist es mit den Worten des Glaubens. Sie erhellen das Dunkel unseres Weges da und dort ein wenig. Sie zeigen ein Stücklein nur, der größere Teil bleibt im Dunkel. Geht man aber dies kleine Stück, erfährt man, wie das Licht eine Spanne weiter leuchtet, und so fort und fort, wohl bis wir angekommen sind. Man muß nur gehen, weitergehen auf der kleinen Strecke, die das Lämpchen des Glaubens hell macht.

Das wäre viel: »Salz der Erde«, »Licht der Welt«, sein. Einfach und froh den Glauben im Geschehen des Alltags zu leben versuchen. Nicht »ein großes Licht« sein wollen, sondern als Glaubender zu leben versuchen.

So ein leuchtendes Leben ist wohl mehr als die korrekte Wiedergabe klassischer Glaubensformeln. Glaube ist ja nicht schon dort, wo man nur über ihn spricht und seine Sätze kennt, sondern da, wo man Gott als den Herrn ins eigene Leben einläßt.

Fritz Andreae

26 durch Jesus sich selber finden

»In der Welt habt ihr Angst. Aber habt Mut! Ich habe die Welt überwunden« (Joh 16,33).

Zu den vielen Ängsten, die Menschen quälen, gehört die Angst, das Leben könne nicht gelingen, der Sinn des Lebens könne nicht gefunden werden. Wie es scheint, sind Jugendliche von dieser Angst heute stärker als früher betroffen. Was heißt das: den Sinn des Lebens finden? Wann kann man ein Leben als gelungen bezeichnen?

Eine Antwort auf diese Frage – eine Antwort, die immer mehr zu meiner persönlichen Antwort geworden ist – lautet: Mein Leben kann ich im jeweiligen Augenblick als sinnvoll, als gelungen bezeichnen, wenn ich die mir gegebenen Fähigkeiten und Möglichkeiten – biblisch: die mir anvertrauten Talente – aufgedeckt und in meinem Leben verwirklicht habe. Solche Fähigkeiten oder Begabungen können sein: mit Menschen umgehen, im Gespräch zuhören und sich in den anderen hineinfühlen, eine Situation, ein Problem erfassen und analysieren, mit Worten oder Gesten überzeugen und trösten, glaubwürdig die eigene Überzeugung vertreten . . .

Oft fallen in dem Vorhaben, Wunsch und Tun, Ideal und Wirklichkeit auseinander. Daraus resultiert die Angst, den Sinn des Leben zu verfehlen, die eigene Identität nicht zu finden.

Hier ist Jesus Vorbild, Identifikationsmodell. Ich denke dabei weniger an die Ängste anderer Menschen, die Jesus ernstnimmt und von denen er sie frei machen will. Ich denke mehr an die Angst, die Jesus selbst erfährt und vor allem am Ölberg durchleidet. Alle Evangelien berichten in starken Formulierungen von den physischen Erfahrungen der Angst Jesu. Auch wenn die Evangelien bezeugen, daß Jesus diese Angst besteht, so bleibt doch der Prozeß bemerkenswert, den Jesus durchmacht. In seiner Angst »lernt« Jesus, was Glaubensgehorsam, was Annahme des göttlichen Willens ist.

Neue Jesusinterpretationen versuchen, mit dem Menschsein Jesu dadurch ernst zu machen, daß sie, wie bei jedem Menschen, auch im Selbstbewußtsein Jesu eine innere Entwicklung nachzuzeichnen versuchen. Sehr eindrucksvoll geschieht dies bei dem Juden *Schalom Ben-Chorin* (Bruder Jesus. Der Nazarener in jüdischer Sicht. München 1977).

Die Frage Jesu nach seiner eigenen Identität drückt sich in der Frage bei Cäsarea Philippi: »Für wen halten die Leute mich?« (Mk 8,27 ff und par.) aus, kommt aber durch keine der vorgeschlagenen Antworten zum Ziel. In all den genannten »Vorbilder« und tradierten Rollenerwartungen (der wiedergekehrte Johannes der Täufer, Elija, Jeremia oder der Messias-König, wozu Petrus Jesus proklamieren möchte) kann Jesus seine eigene Identität nicht finden. Schalom Ben-Chorin beschreibt mit großer Einfühlungskraft, wie Jesus mit der Frage nach sich selbst ringt, wie er uns dadurch erst eigentlich zum »Bruder« wird, und wie ihm aufdämmert, daß es seine Bestimmung, sein Lebenssinn ist, jener leidende Gottesknecht zu sein, unter dem Jesaja das Schicksal des jüdischen Volkes darstellt. Der Einsicht in diese seine Bestimmung – so legt Schalom Ben-Chorin dar – gibt Jesus bei der Feier des Passah-Mahles mit seinen Freunden Ausdruck.

Nach der Feier schreckt Jesus im Ölgarten noch einmal, bis aufs Blut getroffen und in Todesangst erzitternd, vor der Identität zurück, die er gefunden hat, aber in der Kraft des Gebetes kehrt er zu ihr zurück und geht getreu den Weg des leidenden Gottesknechtes, wie er vorgezeichnet ist.

Auch nach dem Gebet in Getsemani ist für Jesus die rettende Macht Jahwes kein unangefochtener, unverlierbarer Besitz.

Gehört in diesen Zusammenhang das Verstummen Jesu auf die hartnäckige Frage des Synhedrions und später des Pilatius: Wer bist du, für wen hältst du dich?

Georg Baudler bietet uns eine christliche Weiterführung der vom Juden *Ben-Chorin* vorgelegten Interpretation. Er deutet das Schweigen Jesu so, daß er sich in der Stunde des Leidens noch weniger als im Leben mit diesem oder jenem identifizieren kann, daß er jetzt noch weniger als in den Tagen seines Wirkens im Volk sagen kann, wer er ist, »daß er dieses Nicht-Wissen, wer er ist, als seine eigentliche und letzte Bestimmung begreift: Die Bestimmung, das Geheimnis des Menschen, das jeder ist, auszutragen und es dadurch als jenes unsagbare Geheimnis zu offenbaren, das die Menschen aller Zeiten und aller Völker ‚Gott' genannt haben« (Jesus-Überlieferung: Hilfe zur Identitätsfindung?, In: ru 1974). Wenn Jesus am Kreuz mit den Anfangsworten des 22. Psalms seine innere Not der Gottverlassenheit hinausschreit, macht dies deutlich, daß er nicht wie der Gottesknecht oder die jüdischen Märtyrer der Makkabäerzeit innerlich unberührt von den Schrecken der Einsamkeit und des Todes sein Schicksal auf sich genommen hat. Jesus stirbt nicht den Tod des Gottesknechtes, sondern seinen eigenen Tod.

So muß jeder, der Jesus nachfolgen und seinen Tod sterben will, dem Anspruch Jesu folgen: in Treue zum eigenen »kairos« leben und seinen eigenen Tod sterben.

Gerade diese Erkenntnis scheint mir jungen Menschen die Möglichkeit zu geben, daß sie ohne »Traditionsverlust« wertvolle Impulse auf dem Weg ihrer Identitäts- und Sinnsuche finden. Nachfolge Jesu bedeutet nicht Imitation Jesu, sondern die Suche nach der eigenen Identität im Sinne und nach dem Anspruch Jesu. Lukas und Johannes haben offensichtlich den ursprünglichen Bericht vom Sterben Jesu gedeutet. Damit wollen sie sagen, daß Jesus seine Todesangst durchgestanden hat, daß sogar im Schrei der Gottverlassenheit noch eine letzte Vertrauensbewegung liegt. Darin drückt sich die Erwartung aus, daß selbst in Situationen äußerster Angst und Untergangserfahrung Glauben und Vertrauen durchgehalten werden können. Daß und wie diese dialektische Spannung zwischen Angst und Vertrauen im Leben des Christen möglich sein kann, schreibt Paulus den Christen in Rom und Korinth (vgl. Röm. 8,15.35-39; 2 Kor 6,4-10).

Wer die Angst auf sich nimmt und dennoch in der Suche nach Identität und Sinn bleibt, dem gibt die christliche Botschaft die Zusage, angenommen und geliebt zu sein. Sie gibt ihm Mut, die Angst zu verwandeln in Taten der Liebe. So möchte ich das Trostwort Jesu verstehen: »In der Welt habt ihr Angst. Aber habt Mut! Ich habe die Welt überwunden« (Joh 16,33). *Heinrich Lillig*

27 Bogen schießen

Wenn ein Bogenschütze um nichts schießt,
trifft er ins Schwarze.
Schießt er um einen Messingbecher,
wird er schon nervös.
Schießt er gar um einen Goldpokal,
sieht er zwei Schießscheiben
oder er sieht gar nichts mehr.
Er ist nicht mehr er selbst.
Seine Geschicklichkeit ist unverändert.
Aber der Preis spaltet ihn,
er strengt sich an.
Er denkt mehr ans Gewinnen,
denn ans Schießen.
Und die Zwangsvorstellung:
Du mußt unbedingt gewinnen!
lähmt ihn und er schießt daneben. *Tschuang Tse*

28 den Dienst des Herrn einüben

Die Benediktsregel – eine Anleitung zum christlichen Leben – auch für Welt-Christen.

Alle Christen befinden sich auf einer Expedition. Sie heißt »Nachfolge Jesu Christi«. Herr dieser Expedition ist: Jesus, der Christus. Ziel des auf dem Weg durch Raum und Zeit, durch Länder und Jahrhunderte sich befindenden Volkes Gottes ist das »Reich Gottes«.

In der Gemeinschaft der Nachfolgenden herrscht fundamentale Gleichheit. Es gibt keine Rangplätze, keine Klassen. Jeder, der zum Volk Gottes – »Welt-Christen« und »Ordens-Christen« –

berufen ist, hat sein persönliches Charisma. Mit den nur ihm eigenen Fähigkeiten gestaltet er seinen persönlichen Weg der Nachfolge.

Ordens-Christen sind keine Monopolisten für eine vom Evangelium aufgetragene Gemeinschaft der Schwestern und Brüder im Herrn.

Brüderliche Gemeinschaft zu pflegen, gemeinsam und privat zu beten, Askese zu üben, gehorsam zu sein gegenüber dem Vater im Himmel, sich zu solidarisieren mit den von Jesus Privilegierten: den Armen, äußere und innere sexuelle Selbstbeschränkung zu üben, gehört zu jedem Getauften, der in der Lehre des Meisters Jesu verharrt und in Geduld am Leiden Christi teilnimmt. Die Welt-Christen müssen wieder die Korrektivfunktion der Ordens-Christen erkennen und akzeptieren, um sich durch diese produktiven Vorbilder zur allgemein verbindlichen Radikalität des Evangeliums zurückführen zu lassen.

Nachfolge Christi bedarf der Einübung. Eine »Schule für den Dienst des Herrn« erleichtert den Weg in der Nachfolge. Das gilt für Welt- wie für Ordens-Christen. Solch eine »Schule« ist die des Römers und Christen *Benedikt von Nursia*. Die *Regula Sancti Benedicti* ist nicht nur eine Anleitung zum christlichen Leben in einer Mönchsgemeinschaft; sie ist darüber hinaus ein kurzer Abriß einer lebbaren Vollkommenheitslehre für alle Christen, die in den Jüngerkreis berufen sind und in der Nachfolge Jesu Christi stehen.

Aus dem Vorwort der Benedikt-Regel

Wir wollen deshalb eine Schule für den Dienst des Herrn gründen. Bei ihrer Einrichtung möchten wir nichts Hartes, nichts Schweres anordnen. Wird aber aus einem angemessenen Grund zur Läuterung von Fehlern und zur Erhaltung der Liebe eine etwas strengere Forderung gestellt, sollst du nicht, von plötzlicher Angst verwirrt, vor dem Weg des Heils zurückschrecken, der am Anfang nichts anderes als eng sein kann.

Wer aber im religiösen Leben und im Glauben voranschreitet, dem weitet sich das Herz, und mit der unsagbaren Freude der Liebe eilt er voran auf dem Weg der Gebote Gottes.

So wollen wir die Schule dieses Meisters nie verlassen, sondern im Kloster bis zum Tod in seiner Lehre verharren und in Geduld am Leiden Christi teilnehmen, damit wir auch verdienen, an seinem Reiche teilzuhaben. Amen

Die Benediktsregel gibt auch Hinweise, wie ein Christ, der für andere Menschen verantwortlich ist und »für die er einst auch Rechenschaft ablegen muß« sein Amt ausführen soll. Das Amt des Abtes wird eher beschrieben als begründet. Denn die Begründung der ganzen Regel ist das Evangelium selbst.

Wie ein Abt sein soll

Wenn der Abt seine Lehre vorträgt, richtet er sich stets nach dem Beispiel des Apostels, der sagt: Weise zurecht, tadle, ermahne! Das heißt: Je nach Zeit und Umständen verbinde er Strenge mit Liebenswürdigkeit; er zeige bald den Ernst des Meisters, bald die liebevolle Güte des Vaters.

Die Ungezogenen und Unruhigen also soll er sehr streng zurechtweisen, die Gehorsamen aber, die Friedlichen und Geduldigen zum Fortschritt im Guten ermutigen.

Gleichgültige und Widerspenstige tadle und strafe er; das ist unsere Mahnung.

Er darf nicht über die Sünden von Schuldigen hinwegsehen, sondern gleich am Anfang schneide er das Böse mit der Wurzel aus, so gut es ihm möglich ist. Er bedenke, daß ihm sonst das gleiche droht wie Eli, dem Priester von Schilo.

Die vornehmen und verständigen Gemüter mag er bei der ersten und zweiten Mahnung mit Worten zurechtweisen; die Frechen und Harten, die Stolzen und Ungehorsamen strafe er gleich beim Entstehen der Sünde mit der Rute oder mit körperlicher Züchtigung. Weiß er doch, daß geschrieben steht: Der Tor wird durch Worte nicht gebessert. Und wiederum: Schlag deinen Sohn mit dem Stock, so bewahrst du sein Leben vor dem Untergang . . .

Er wisse, wie schwer und mühevoll die Aufgabe ist, die er übernommen hat: Seelen zu leiten und der Eigenart vieler zu dienen, dem einen mit freundlichen Worten, einem anderen mit Tadel, einem dritten mit gutem Rat.

Dem Charakter und der Fassungskraft jedes einzelnen suche er zu entsprechen und sich allen so verständnisvoll anzupassen, daß er an der ihm anvertrauten Herde nicht nur keinen Schaden leidet, sondern sich am Gedeihen einer guten Herde freuen kann.

Vor allem darf er nicht hinwegsehen über das Heil der ihm anvertrauten Seelen oder es geringschätzen und sich größere Sorgen machen um vergängliche, irdische und hinfällige Dinge. Er sei sich vielmehr stets seiner Aufgabe bewußt: Er hat Seelen zu leiten, für die er einst auch Rechenschaft ablegen muß . . .

In dieser Regel ist ein patriarchalischer Zug unübersehbar. Güte und Strenge finden ausgewogen zueinander. Dem Abt gebührt Gehorsam wie einem römischen pater familias. Ihm kommt die Richtlinienkompetenz des gemeinsamen Weges zu. Wer Menschen leitet und lehrt, muß im Dienst am Weg der Mitbrüder Mut und Entschlossenheit zeigen.

Kann eine solche Regel heute noch Modell christlicher Menschenführung sein? Als aufgezeichnete »Regel« wohl kaum. Menschen müssen die toten Buchstaben zum Leben wecken. Pädagogische Theorie tritt ihren Wahrheitsbeweis nur in der alltäglichen Praxis an.

Von der Klöstern benediktinischer Prägung aus gestaltete sich einst das Abendland. Sie wurden zum Schmelztiegel griechisch-römisch-christlichen Geistes.

Diese Leistungen waren in den ausgewogenen Forderungen der Regel begründet. Die starke Stellung des Abtes, die stabilitas loci, die Einschränkung des Individuums, die äußere Ordnung, die die innere stützt, die maßvolle Verbindung von Gebet und Arbeit begünstigen den Weg zum Ziel.

Der Motor der *Regula Sancti Benedicti* aber, der über Jahrhunderte hinweg die benediktinische Lebensgemeinschaft in Bewegung hält, ist die discretio.

Benedikts Regel zeugt von tiefer Ehrfurcht vor der Einzelpersönlichkeit. Trotz mörderischer Erfahrungen mit seinen Mitbrüdern glaubte der Ordensvater fest an das Gute im Menschen. In jedem Menschen ist seiner Meinung nach Gott gegenwärtig. Das prägt den Kommunikations- und Interaktionsstil. Benedikt verurteilt nicht die schwachen Mitglieder der Ordensfamilie. Sie bedürfen der diskreten Hilfe, um dem Guten in ihnen Form zu geben. Der Abt heilt wie ein Arzt mit Augenmaß, Vorsicht, Rücksicht. So kann das Gute in jedem Menschen sich entfalten. Benedikt beschreibt den Abt als einen Menschen, der ein wünschenswerter Pädagoge unserer heranwachsenden Kinder wäre: ein pater familias der Schule, der Menschen zu leiten weiß; eine starke und bestimmte Persönlichkeit, die sich dem Charakter und der Fassungskraft des Schülers anzupassen vermag, um ihrer Eigenart zu dienen – durch freundliche Worte, mit Tadel, mit gutem Rat. Ein solcher Pädagoge wird alles daransetzen, daß kein Mensch in der Leistungsschule sozial hingerichtet, kein Schüler abqualifiziert, abgestuft, im »System« zerrieben wird. Differenzierung und Individualisierung der Lernprozesse sind Prinzipien benediktinischen Lehrens.

Das Herzwort benediktinischen Erziehungsstils heißt discretio: Unterscheidung, Augenmaß, Maßhalten. Discretio ist »die Mutter der Tugenden«. Ohne sie ist einer vielleicht ein schlechter Lehrer, auf keinen Fall aber ein Pädagoge.

Die Tugend des Pädagogen (»Von der Einsetzung des Alters«)

... Er hasse das Böse und liebe die Brüder. Muß er zurechtweisen, so gehe er klug vor und tue nicht zuviel des Guten, damit das Gefäß nicht zerbricht, wenn er den Rost allzu eifrig auskratzen will.

Stets mißtraue er seiner eigenen Schwachheit und erinnere sich: Ein geknicktes Rohr darf man nicht brechen!

Damit sagen wir nicht, er dürfe Fehler wuchern lassen, sondern er schneide sie klug und liebevoll heraus, wie es dem einzelnen nach seiner Ansicht hilft, – was wir schon sagten –; und er suche, mehr geliebt als gefürchtet zu werden.

Er sei nicht aufgeregt oder ängstlich, nicht maßlos oder engstirnig, nicht eifersüchtig oder argwöhnisch, weil er sonst nie zur Ruhe kommt.

Bei Anordnungen sei er weitsichtig und besonnen. Ob ein Arbeitsauftrag, den er erteilt, Göttliches oder Weltliches betrifft, wisse er zu unterscheiden und Maß zu halten. Er denke an die Unterscheidungsgabe des heiligen Jakob, der sprach: Wenn ich meine Herden unterwegs überanstrenge, gehen alle an einem einzigen Tag zugrunde.

Dieses und andere Zeugnisse für die Unterscheidungsgabe – die Mutter der Tugenden! – nehme er sich vor; so ordne er alles mit Maß, damit die Starken finden, was sie suchen, und die Schwachen nicht abgeschreckt werden.

Discretio ist die Kunst, die einem Pädagogen eigen ist, der die Ausgangssituation seines Schülers respektiert, und mit ihm einen individuellen Lehr- und Lernweg geht. Der benediktinisch geprägte Pädagoge vermag sich in eine Einzelpersönlichkeit hineinzufühlen. Er besitzt die Gabe der Sympathie. Ein Pädagoge, der keine Berührungsängste hat vor dem jungen Menschen, der anders ist, empfindet, denkt, sich artikuliert, findet heraus, was für den anderen unter den jeweilig obwaltenden Bedingungen gut ist. Das benediktinische Erziehungsprogramm ist bei aller Grundsatztreue flexibel, menschenorientiert, Zeit und Umstände beachtend. Der weise und maßvolle Pädagoge beläßt jedem Menschen seine Eigenart.

Benedikt und seine Ordensbrüder zeigen, daß Nachfolge Christi nicht angepaßte Nachahmung, unkritischer Nachvollzug ist, sondern eine individuelle Vorwärts-Bewegung, lebendurchpulst, verheutigt. Die Wege auf der Expedition Nachfolge Jesu Christi können verschiedenartig sein. Nachfolge Jesu Christ läßt nicht nur alle denkbaren Variationen zu, sie fordert geradezu Einfallsreichtum und Kreativität, Realitätssinn und Sachverstand heraus, um lebendig wirksam zu werden.

Bernhard Jendorff

29 Gott suchen

Wir können Dich nicht begreifen,
Du bist nicht zu sehen.
Nur suchen können wir Dich ...
Du sandtest uns Jesus, Deinen Sohn,
Abglanz Deiner Herrlichkeit.
Er war Dein Zeuge, Künder Deiner Liebe.
Er gab sich hin für unser Heil.
Er zeigte uns den Weg zu Dir, damals und heute.
In IHM sehen wir Dich!
Du naher Gott,
Du Gott mit uns,
Du Gott für uns,
Du Gott bei uns!
Du verstehender Gott,
Du menschenfreundlicher Gott.
Du gehst uns Menschen nach,
Du liebender, gütiger, tröstender Freund.
Du schützender, bergender Gott.
Du verzeihender, erlösender Gott.
Du aufrichtender, geduldiger Gott ...
Du zeigst uns die Brüder – und hilfst uns, Dir zu folgen ...
Du Fülle der Weisheit – Du schenkst uns Erkenntnis.
Du Sinn unseres Lebens – Du bist unsere Hoffnung.
Du unsere Freude – wir preisen Dich.
Du Allerhöchster – wir singen Dein Lob.
Du unendliche Liebe – wir danken Dir.
Wir lieben Dich.
Wir gehören Dir – jetzt und in Ewigkeit.
Amen.

Elisabeth Hillmann

Zwischen Angst und Hoffnung

ich pfeife nicht laut
wenn es dunkel ist
aber ich gebe zu
manchmal habe ich angst
ich habe angst
vor der dunkelheit der nacht
ich habe angst
vor der finsternis des herzens

ich bin froh
wenn du mir deine hand reichst
wenn du mir einen ausweg zeigst
wenn du mir eine tür aufmachst
damit ich herauskomme
aus der angst
damit ich luft holen
damit ich atmen kann

öffne mir ein tor
das mich herausführt
aus der angst
und mir den blick frei gibt
dann geht mir ein licht auf
und dieses licht
bist du

30 nur zwei Dinge

Durch so viel Formen geschritten,
durch Ich und Wir und Du,
doch alles blieb erlitten
durch die ewige Frage: wozu?

Das ist eine Kinderfrage.
Dir wurde erst spät bewußt,
es gibt nur eines: ertrage
– ob Sinn, ob Sucht, ob Sage –
dein fernbestimmtes: Du mußt.

Ob Rosen, ob Schnee, ob Meere,
was alles erblühte, verblich,
es gibt nur zwei Dinge: die Leere
und das gezeichnete Ich.

Gottfried Benn, 1951

Das endlose Wozu? Unser Leben lang treibt uns die »Kinderfrage« um. Man hat uns gelehrt, wir müßten die Antwort finden, den Sinn in den Kopf kriegen können.

Ein Leben lang suchen wir. Wir versuchen es mit Händen und Füßen, mit Augen und Ohren, mit Kopf und Herz, mit Gedanken und Gefühlen, mit Wissenschaft und Glaube, in der Analyse und in der Meditation, im einsamen Nachdenken und in der leidenschaftlichen Diskussion – und erfassen es nicht. Alles Erfahren wird uns zum Erleiden. Was erblüht, verbleicht noch schneller. Von allem bleibt nur die Leere.

»Und das gezeichnete Ich«. Die Rosen, der Schnee, die Meere, die ganze erlebte Welt, was immer und erblühte und verblich: es hat sich eingeprägt, es ist in unserem Denken und Fühlen. Was wir erfahren und erlitten haben, macht uns zu dem, was wir sind. Leben heißt wohl auch lernen, es damit genug sein zu lassen. Aufhören zu fragen. Die Leere ertragen, die größer und erfüllter ist als die kleinen Antworten, die wir finden können. Sich hineinfallen lassen in das Geheimnis, in dem auch das »fernbestimmte« Gesetz unseres Daseins beschlossen liegt.

Gottfried Benn schrieb dieses Gedicht mit fünfundsechzig Jahren: das wußte er; fünf Jahre vor seinem Tod: das wußte er nicht.

Wolfgang Langer

31 Erkennen und Geschick

Ich besah das ganze Werk Gottes. Der Mensch kann das Geschehen, das unter der Sonne geschieht, nicht ergründen. Wieviel auch der Mensch mit Forschen sich abmüht, er kann es nicht ergründen. Auch wenn der Weise sagt, er habe es erkannt – er kann es nicht ergründen. All dies überlegte ich, und mein Herz hat all dies gesehen: daß Gerechte und Weise und ihre Werke in der Hand Gottes sind, auch Liebe und Haß; und daß der Mensch nichts weiß von all dem, was kommt. Und alle trifft ein Geschick, den Gerechten und den Sünder, den Reinen und den Unreinen, den Opfernden und den, der keine Opfer bringt, den Guten und den Schlechten, den Schwörenden und den, der den Schwur scheut. Das ist das Schlimme an allem, was unter der Sonne geschieht: Ein Geschick trifft sie alle. Und es kann sein, daß das Herz von Menschen voller Bosheit ist, daß Torheit in ihren Herzen ist während ihres Lebens, und nachher geht es zu den Toten. Wer zu den Lebenden zählt, für den besteht Hoffnung; ein lebender Hund ist besser als ein toter Löwe. Die Lebenden wissen wenigstens noch, daß sie sterben werden. Die Toten aber wissen überhaupt nichts mehr, und sie haben keinen Lohn mehr zu erwarten, denn ihr Andenken ist vergessen. Ihr Lieben, ihr Hassen und ihre Eifersucht sind längst verloren, und sie haben keinen Teil mehr für alle Zeit an allem, was unter der Sonne geschieht.

Worte aus dem Koheletbuch 8,17-9,6
übersetzt von Norbert Lohfink

32 woher ...

Woher nehmen die Sicherheit
zu sagen: Ich weiß

Woher nehmen die Hoffnung
zu sagen: Es wird

Woher nehmen den Mut
zu sagen: Ich bin

Woher nehmen die Kraft
zu sagen: Ich werde

Woher nehmen den Glauben
zu sagen: Ich kann

Woher nehmen die Freude
zu sagen: Ich lebe

Woher nehmen das Vertrauen
zu sagen: Du

Woher nehmen die Liebe
zu sagen: Wir

Jutta Hiltenkamp

33 in den Dornen des Gestrüpps

Es war in den bisherigen Überlegungen schon oft die Rede von den Verstümmelungen und Verkümmerungen, die der Kreatur in allen Schichten ihres Seins schuldhaft und schicksalshaft zustoßen können. Sie sollen nicht noch einmal wiederholt sein. Dem Gebet soll sein Sinn bleiben, und der ist dieser, daß es eben Stunden gibt, in denen nur das eine zu tun bleibt: das ganze Weh und die arge Not in einen Flehruf, in einen Schrei nach Erbarmen und Hilfe zu sammeln. Um ihn hinaufzurufen oder zu schreien oder zu weinen und zu klagen und zu wimmern zum Gott des Heilswillens. Das ganze Weh in sich hineinzuklagen in jenen heiligen Raum, in dem Gott unser Selbst anrührt und es liebt und ihm gut ist. Irgendwann muß alles Denken und müssen alle Fluchtversuche aufhören. Man muß ganz ruhig liegen, sonst reißen die Dornen des Gestrüpps, in das man gefallen ist, nur neue Wunden. Ganz ruhig liegen und seine Ohnmacht wissen und die heilende Hand Gottes suchen. Seinen heiligen und heilenden Strom herausweinen, in uns hineinleiten, der uns von innen her den Dingen gewachsen machen wird. Es gibt die Wunden der Not, aber es gibt auch die Wunder der Not. Wir sind heute – viele einzelne und das Ganze – in eine Ohnmacht der Not und Verwundung geraten, daß uns niemand mehr helfen kann, kein guter Wille, kein Freund, kein Trost: nur der Schöpfergeist noch, der in die Kreatur einströmende Heilswille des Herrgotts.

Aber gerade deswegen soll der Mensch auch in der äußersten Not die Zuversicht nicht aufgeben. Er soll bedenken, daß der Herrgott sein Leben teilt, daß er vom Heiligen Geist in die Intimität mit Gott berufen ist und so der Herrgott selbst nun die harten Zeiten und Strecken mit durchwandert, also die äußere Bedrängnis tragen hilft. Daß der schöpferische und heilende Geist Gottes jeder Wirklichkeitsfaser des Menschen gegenwärtig ist und alles kreatürliche Leben des Berufenen und Willigen von innen heraus mitlebt. Auch das leidende und verwundete Leben. Deswegen soll sich der Mensch immer im Besitz der Heilskraft wissen, die genügt, die Wunden auszuhalten, ohne vor Schmerz wahnsinnig zu werden, und die Verwundungen wenigstens soweit zu heilen, daß das Ganze lebensfähig und lebenstüchtig bleibt. Nicht aus eigenem soll der Mensch sich dies zutrauen, sondern weil er weiß, daß der Herrgott sein Leben mitlebt.

Alfred Delp SJ

34 Anklage

So Sachen . . .

Alle Menschen haben so Sachen
erfunden,
so Sachen erfunden,
Sachen, die knallen
und Sachen, die stinken.
Sachen, die töten.
Sie sind gescheit.
Sie haben Sachen erfunden,
so Sachen.

Ich habe Ihnen vor einiger Zeit einige Gedichte geschickt. Sie baten mich, weiter Gedichte zu schreiben. Aber sind sie nicht zu deprimierend?

Ich schrieb sie nicht nur von mir aus, sondern im Namen aller jungen Leute, die von denselben Fragen gequält sind. Auch ich bin unfähig, sie zu beantworten.

Eigentlich ist ja alles nur Schein. Es vergeht alles. Alles ist leer, ein Traum, ein Trip. Ist das Leben nicht wie eine tiefe Grube, in die man fällt und fällt, und erst wenn man unten aufstößt, merkt man, wo man sich befindet. Ist es nicht so?

Wissen Sie, das Schlimmste ist, daß alles schon fertig und zu Ende gedacht ist. Wir können nichts mehr neu erschaffen. Die Arbeit ist beendet. Wir sehen nur, daß die Menschen nicht glücklich sind.

Wenn mir Drogen angeboten würden, würde ich sie nehmen. Ich weiß, es ist eine Flucht, aber ist nicht das ganze Leben eine einzige Flucht? Man stirbt ja sowieso.

Glaubt nur, ihr älteren Leute, in unseren Köpfen geht mehr vor als ihr denkt. Ihr sagt, es sei nicht an uns, euch zu kritisieren. Aber wer tut es sonst? Wißt ihr eigentlich, wie schlimm es ist, immer wieder von den vielen unbeantworteten Fragen bedrückt zu werden? Wißt ihr eigentlich, wie schlimm es ist, unverstanden zu sein?

Wir gehen aneinander vorbei.

Wir gehen aneinander vorbei.
Wir gehen vorbei.

Vorbei an der Liebe,
vorbei an den Menschen,
die noch zu lieben vermögen.
Wir eilen über eine Straße,
die kein Ende hat.
Wir mühen uns in einer dunklen Gasse,
in der man weder nach rechts
noch nach links sieht.
Wir gehen vorbei am Leben,
an uns selbst.
Vorbei am Glück,
an der Schönheit,
vorbei an den Menschen,
die uns noch etwas
zu geben vermöchten. *Vreni (16)*

35 Psalm 23: Bei dir fehlt mir nichts

Ein Harfenlied Davids.

Er ist mein Hirt,
mir mangelt nichts.

Auf Grastriften
lagert er mich,
zu Wassern der Ruh
führt er mich.
Die Seele mir
bringt er zurück,
er leitet mich
in wahrhaftigen Gleisen
um seines Namens willen.
Auch wenn ich gehn muß
durch Todschattenschlucht,
fürchte ich nichts Böses,
denn du bist bei mir,
dein Stab, deine Stütze –
die trösten mich.
Du rüstest den Tisch mir

meinen Drängern zugegen,
streichst das Haupt mir mit Öl,
mein Kelch ist Genügen.
Nur Gutes und Holdes
verfolgen mich nun
alle Tage meines Lebens,
ich kehre zurück
zu DEINEM Haus
für die Länge der Tage.

aus dem Hebräischen
übersetzt von Martin Buber

Herr Gott, bei dir ben e aufghoba,
bei dir fehlt mr nix.
Du zoigsch mr beim Wandra durchs Leba
d schenschte schattige Weg an sonnige Täg
und an Platz zom Veschpra am See.
Bei dir isch mr s wohl,
du – laß, was e denk ond mei Geschwätz net
drneba ganga.
Ond wenn s mr schwarz vor de Auga wird,
nemm mr mei Angst –
du bisch ja bei mr, du, du,
mit dir brenge s durch,
Dòò breng e s no amòòl nàà.
Du lesch me leba,
i han mei Arbat,
au wenn dr bees Nochbr bees guckt.
Du fihrsch me ens Bad fir Gäscht zom d Hend wäscha,
du biatasch mr vor am Essa a Schnäpsle a,
ond äll Òòbend han e mei Viertele – oder au zwoi
bei dir ben e ebbr.
Äll Tag ond älle Täg woiß e:
du gohsch mr noch mit deinera Freindschaft,
ond bis en Hemmel nei gibt s a Ewigkeit lang
älltag emmr was Nei's zom Freia.

ins Schwäbische übersetzt
von Willi Habermann

36 dann such ich einen Menschen

2) Manchmal bin ich stumm. Es fehlt mir jedes Wort
zu sagen, was mich ängstigt. Die Sprache – sie ist fort.

3) Manchmal bin ich lahm. Gelähmt sind Hand und Fuß.
Ich kann es nicht vollbringen, was ich vollbringen muß.

4) Manchmal bin ich taub. Kein Wort trifft an mein Ohr.
Hoffnung, Glauben, Liebe, ich habe sie verlorn.

5) Manchmal bin ich schwach. Ich fühl mich ausgesetzt,
verstoßen und verachtet, verlacht und auch verletzt.

6) Manchmal bin ich tot, nicht tot an meinem Leib.
In mir sind abgestorben, der Mut, die Lebensfreud.

Text und Melodie: Franz Kett

37 herausgeführt werden

Dir und mir
wünsche ich Augen
die die Lichter und Signale
in unseren Dunkelheiten
erkennen

Ohren
die die Rufe und Erkenntnisse
in unseren Betäubungen
vernehmen

dir und mir
eine Seele
die all das
in sich aufnimmt und annimmt

und eine Sprache
die in ihrer Ehrlichkeit
uns aus unserer Stummheit
herausführt
uns aussprechen läßt
was uns gefangenhält

Margot Bickel

38 die himmlische Rechenkunst

Was dem Herzen sich verwehrte,
laß es schwinden unbewegt.
Allenthalben das Entbehrte
wird dir mystisch zugelegt.

Liebt doch Gott die leeren Hände,
und der Mangel wird Gewinn.
Immerdar enthüllt das Ende
sich als strahlender Gewinn.

Jeder Schmerz entläßt dich reicher.
Preise die geweihte Not.
Und aus nie geleertem Speicher
nährt dich das geheime Brot.

Werner Bergengruen

39 Trost auch für uns

»Fürchte dich nicht, denn ich habe dich erlöst;
Ich habe dich bei deinem Namen gerufen; du bist mein! ...
Ich habe dich lieb; darum gebe ich Menschen an deiner Statt und Völker für deine Seele. So fürchte dich nun nicht; denn ich bin bei dir« (Jes 43,1-5).

Es ist unmöglich, mich der Innigkeit dieses Textes zu verschließen. Da spricht er mir zu, daß er mich lieb hat und daß er mir nah ist.

Wohl weiß ich, daß die Vorrede lautet: »Und nun spricht der Herr, der dich geschaffen hat, Jakob, und der dich gemacht hat, Israel: fürchte dich nicht.« Ich kann nicht zweifeln, daß auch ich hier gemeint bin. Ich habe es nie so verstanden, als ob es nur Menschen gälte, die vor zweieinhalb Jahrtausenden gelebt haben.

Was mir diesen Text so unersetzlich macht, wird in dem Juristendeutsch der Einheitsübersetzung nicht vernehmbar. Da ist von »formen« die Rede – wie in einer pädagogischen Abhandlung. Da heißt es: »Du gehörst mir«, was für meine Ohren wie eine gewaltsame Eigentumsdeklaration klingt. Da werden Begriffe wie »teuer« und »wertvoll« gebraucht – ich fühle mich an ein kostbares Handelsobjekt erinnert. Und zum Schluß heißt es vergewaltigend: »weil ich dich liebe.«

Nein, so fühle ich mich diesem Text, diesem Wort gegenüber nicht. Oder sage ich es genauer: Ich möchte nicht, daß Gott so mit mir spricht. Ich möchte, daß wahr ist und wahr bleibt, daß er mich lieb hat. Liebhaben ist ein Wort von größerer Wärme und Innigkeit als das zupackende Lieben. Es ist menschlicher, behutsamer und läßt dem anderen, eben mir, mehr Freiheit. Ich brauche die Verheißung dieser Worte mehr denn je, um noch etwas von der Beziehung zu jenem Fernen zu spüren, der zu mir sagt: »Fürchte dich nicht.« Ich will nicht, daß es heißt, er habe mich *beim* Namen gerufen, ich *gehöre* ihm. Ich möchte von diesem Gott hören, daß er mich bei *meinem* Namen ruft und daß ich sein *bin*, daß ich daran beteiligt sein darf, sein zu sein. Daß über mich nicht einfach verfügt wird.

Die Luther-Sprache gibt in größerer Dichtigkeit das wieder, was ich mir von diesem Gott erhoffe, von dem Herrn Jakobs und

Israels. Ich möchte wider meine Hoffnung, wider mein Verdienst, wider meine Erwartung von ihm wichtig genommen werden.

Man stelle sich vor: Er kennt meinen Namen. Er hat mich nicht von einer Liste abgelesen, mich aufgerufen, sondern er hat mich persönlich angesprochen, weil ihm an mir liegt, weil er mich ausgelöst und erlöst hat, weil ich ihm wichtig bin, weil er Anteil an mir nimmt, weil er weiß, wie es um mich steht, weil er einen hohen Einsatz für mich leistet.

Eigentlich wage ich es nicht, so zu hoffen. Dieser Text ist wie ein Märchen aus fernen Zeiten. Und trotzdem schlägt mein Herz dabei höher. Es könne dann wirklich einmal so sein, von ihm bei meinem Namen gerufen zu werden.

Mit diesem Text habe ich eine lange Geschichte. Vor 23 Jahren haben wir ihn auf die Todesanzeige unseres kleinen Sohnes gesetzt, dem wir den großen Namen Immanuel gegeben hatten. Er war an einer Gehirnblutung auf qualvolle Weise gestorben. Dieser Text war uns ein Trost. Es war nicht anders vorstellbar. Dieser Gott, der unseren Sohn hatte sterben lassen, der uns unseres Sohnes beraubt hatte – es konnte nicht anders sein, als daß er ihn zu sich rief bei seinem Namen.

Im Text heißt es zweimal: »Fürchte dich nicht.« Nach dem Furchtbaren, was dieser kleine Junge – ein Kind Gottes – erlebt und erfahren hatte, sollte jetzt für ihn eine Zeit anbrechen, da er sich nicht mehr fürchten, da er nicht mehr Angst haben, da er uns nicht mehr verzweifelt seine gelähmte Hand entgegenrecken mußte, da er nicht mehr stumm war durch den Gehirnschlag, da er endlich ausruhen konnte und es gut haben.

Ich weiß, daß der Text – historisch gesehen – etwas ganz anderes meint. Und trotzdem hat er sich für mich mit meinem Sohn verbunden. Ich kann den Text nicht vernehmen, ohne an diesen kleinen Sohn zu denken und an den Trost, daß er sich nicht mehr zu fürchten braucht.

Der Tod meines Sohnes ist lange her. Aber die Assoziation zu diesem Text ist geblieben. Sie hat sich nur im Laufe der Zeit erweitert. Ob dieses Wort auch mir gilt und allen denen, die ich lieb habe? Ich kann es kaum glauben, und doch kann ich mich gegen diese Hoffnung nicht wehren. Sie ist tief innen in mir, diese

Hoffnung, diese verzweifelte Hoffnung ohne Zuversicht, daß alle meine Lieben damit gemeint sein könnten, vielleicht sogar auch ich.

Und ich hoffe, daß der Trost nicht nur Jakob und Israel gilt, sondern uns allen. Ich meine damit nicht nur meine Kinder und ihre Freunde, sondern all die, die zu meinem Leben, zu meiner Welt gehören, all die, die meinen Weg kreuzen, daß sie alle mitgemeint sind in diesen Tagen der Furcht und des Schreckens: »Fürchte dich nicht, denn ich habe dich erlöst. Ich habe dich bei deinem Namen gerufen; du bist mein.« *Marielene Leist*

40 das erlösende Wort

Wenn der Mensch den Anrufcharakter der Dinge, der Mitmenschen und der gesamten Umwelt wiederentdeckt, hört und beantwortet, wenn der Mensch zurückfindet zum Wort, das im Anfang war (Johannes-Prolog), dann wird er erlöst aus seiner tödlichen Einsamkeit, und sein grenzenloser, alles verschlingender Hunger wird endlich gestillt.

Die drei folgenden Texte – ein narrativer, ein explikativer und ein doxologischer – sind für mich Ausdruck dieser Hoffnung:

»*Die Tochter eines Königs ist an einen reichen Bürger verlobt. Dieser macht großen Aufwand in Kleidern, in Häusern und Gastmählern und gibt der Braut Geschenke von glänzender Schönheit; aber die Braut hat kein Auge für all das. Warum? Weil sie die Tochter des Königs ist. So reicht die Erde dem Menschen alle ihre Schätze dar. Aber der Mensch ist nie satt. Warum? Weil er ein Kind des Himmels ist*« (aus der jüdischen Überlieferung).

»*Der Mensch will die Dinge nicht nur in der Anschauung haben. Das ist ihm zu wenig; er will sie auch im Wort haben. Er will ihren Namen wissen, und haben sie keinen, so gibt er selber ihnen einen. Sobald ein Ding vom Menschen den Namen bekommen hat, geht es in die Geschichte ein. Auch Gott (der zwar kein ‚Ding' ist)? Auch Gott. Aber Gott hat der Mensch nicht von sich selber aus im Wort, wie er die Dinge im Wort hat, denen er einen Namen gab. Es wäre denn, er hat ihn im Wort*

Du, im tiefsten Sinn dieses Wortes, der der ‚Du-Haftigkeit' seines Bewußtseins entspricht« (aus dem Tagebuch von Ferdinand Ebner).

»*Der Berditschewer pflegte ein Lied zu singen, in dem es heißt:*

Wo ich gehe – du!
Wo ich stehe – du!
Nur du, wieder du, immer du!
Du, du, du!
Ergeht's mir gut – du!
Wenn's weh mir tut – du!
Nur du, wieder du, immer du!
Du, du, du!
Himmel – du, Erde – du,
Oben – du, unten – du,
Wohin ich mich wende, an jedem Ende
Nur du, wieder du, immer du!
Du, du, du!« (Martin Buber, aus den Erzählungen der Chassidim).

Leopold Haerst

41 Hoffnung

Bildmeditation zu einem Holzschnitt von Walter Habdank.

Die Diagonale von links oben nach rechts unten stellt im Bild zwei Kontrastfelder gegenüber: Dunkle und kalte Blautöne gegenüber hellem, warmem Orange. Im unteren linken Teil lastet die Bildmasse, im oberen rechten Teil dehnt sich Weite aus.

Mich fesselt zunächst der große Kopf. Er ist nach hinten geneigt, die Schultern sind angezogen, der Hals ist gereckt. Der Kopf schaut nach oben. Die Augen sind weit aufgerissen. Der Augapfel ist trichterförmig von Falten umgeben. Er erinnert mich an einen Stein, der ins Wasser fällt und immer weitere Wellenkreise zieht. Von da, wo das Auge ans Nasenbein stößt, zieht sich eine Falte rund um den Mundwinkel. Die Lippen sind leicht vorgewölbt, als wollten sie sich öffnen. Das ist verhaltene Freude. – Der bärtige Kopf eines alten Mannes gleicht einer zerfurchten Landschaft mit Höhen und Tiefen, mit Bergen und Seen. Eine Urlandschaft, von Wind und Wetter und Sonne geprägt. Der Mann schaut nach oben. Seine rechte, knochige Hand streckt sich aus. Was will sie empfangen? Der breite Winkel von der Hand bis zur Schulter und zum Hinterkopf deutet eine Luke an, eng, sehr eng. Der Mann zwängt sich heraus wie ein Keim, der die Erde aufbricht – wie ein Küken, das die Schale sprengt – wie ein Menschenkind, das aus der dunklen Bauchhöhle ins Weltlicht drängt. Die Luke wirkt auf mich dunkel und kalt, und dieses Dunkelblau breitet sich auch über den Mann aus, gemischt mit Licht, das von oben kommt.

Das Bild gibt nur einen Moment wieder. Ich erahne den Augenblick davor; wo die Luke noch zu ist, und der Mann im Dunkeln kauert, bedrückt von der Enge des Raumes. Ich erahne auch den Augenblick nach diesem Bild, wo der Mann sich ganz raus zwängt, mit dem ganzen Körper ins Freie drängt.

Auf der Hand des Mannes setzt ein Vogel seine Krallen auf, ganz leicht, eine Taube. Sie reckt den Hals und streckt im Schnabel dem Mann einen Zweig entgegen. Einen Zweig, von warmem Orange umgeben. Der Zweig scheint die Hoffnung des Mannes zu sein. Dieser Zweig bedeutet Leben. In diesem Bildmotiv erkenne ich die Geschichte Noahs. Noah, der 40 Tage und 40 Nächte in seiner Arche eingesperrt war, der um sich herum nur

Wasser und Wolken sah. Noah, der es nicht fassen kann, einen grünen Zweig zu sehen, einen Ölzweig im Schnabel der Taube.

Das bedeutet Hoffnung, das bedeutet Leben. Das Bild steht im Kontrast zwischen Dunkel und Hell, zwischen kalten und warmen Farben, zwischen Eng und Weit. Das Bild hat für mich etwas mit Advent zu tun. Wir Menschen im Neonlicht, in warmen Häusern, können das nicht so gut verstehen wie unsere Vorfahren. Im Winter saßen sie in dunklen, kalten Räumen. Dann zündeten sie Kerzen an, eine nach der anderen, bis es Weihnachten lichterhell wurde. Sie wußten, was es heißt: »Licht kommt in die dunkle Welt«, Licht, das es warm und hell macht. So ist es nicht von ungefähr, wenn wir gerade im Dezember Advent feiern. Und die Lieder des Advent besingen das Aufbrechen der Enge: Erde bricht auf – Wolken brechen aus – Tore werden aufgestoßen.

Auch wir kennen dunkle Stunden und sehnen uns nach Licht. Auch wir kennen Enge in unserem persönlichen Leben. Enge hat was mit Angst zu tun. Ältere Menschen spüren Enge körperlich:

wenn sich die Herzgefäße verengen. Dann reißen sie die Fenster auf und schnappen nach Luft. Auch junge Menschen kennen Angst: Angst vor Klassenarbeiten, Angst vor Leistungsforderungen, Angst ausgeschimpft zu werden, Angst, sich nicht verwirklichen zu können, Angst vor der Reifung, Angst vor den Aufgaben des Lebens, vielleicht sogar Angst vor sich selbst. Viele haben heute Angst, daß das Leben um uns kaputt gehen könnte, Angst vor Krieg und Schrecken. Doch wer Angst kennt, kennt auch die Sehnsucht nach Weite, Sehnsucht nach Licht, daß jemand kommt, der es warm und hell macht, der die Enge aufbricht.

Hoffnung ist berechtigt, wenn ich ein Lebenszeichen sehe wie der alte Mann auf dem Bild. Nur muß ich es wahrnehmen wie er.

Ich könnte Noah sein,
- weil ich dunkle Stunden in mir kenne und Dunkelheit um mich herum,
- weil ich Angst und Enge kenne, die mich oft umklammert und bedrückt.

Ich könnte aber auch Noah sein,
- weil ich Sehnsucht kenne, Sehnsucht nach Licht, das hell und froh macht,
- weil ich Freiheit und Weite ersehne, die mich über mich hinaus hebt,
- weil ich hoffe auf Erfüllung meines Lebens, hoffe auf Sinn ...

Karl Heinz König

42 Du Gott

Du
Gott,
aus der Tiefe
meines Leids
rufe ich nach dir.

Du
Gott,
laß mich im Meer
der Traurigkeit
nicht versinken.

Du
Gott,
laß die Berge
des Elends nicht
auf mich stürzen.

Du
Gott,
laß die Lawine
der Sorgen mich
nicht begraben.

Du
Gott,
laß das Erdbeben
des Kummers mich
nicht verschütten.

Du
Gott,
laß das Tal
der Hoffnungslosigkeit
nicht bodenlos werden.

Du
Gott,
laß das Feuer
der Selbstaufgabe mich
nicht vernichten.

Du
Gott,
laß mich vom Sturm
dieses Lebens
nicht entwurzelt werden.

Du
Gott, haue in den Fels
meiner Not ein Loch
und hilf mir heraus.

Gertrud Lorenz

Stationen auf dem Weg

neue wege
nicht ausgetretene pfade
nicht langweilige straßen
hungrig nach initiative
hungrig nach ausblick

doch vorsicht
es gibt stolpersteine
manche lege ich selber in den weg
manchmal wird mir der boden
unter den füßen weggezogen
bin ich auf dem falschen weg
dem nebenweg dem irrweg
dem spaziergang der abführt vom ziel

nicht alle parkplätze
sind stationen zum halten
zum einparken zum ausruhen
immer wieder aufbrechen
neue wege bahnen
nicht die bequeme straße wählen
manches kommt quer
manches führt nicht zum ziel

und mancher seitenweg ist der weg
auf dem du mich führst
auf dem weg
den ich nicht wollte aber sollte

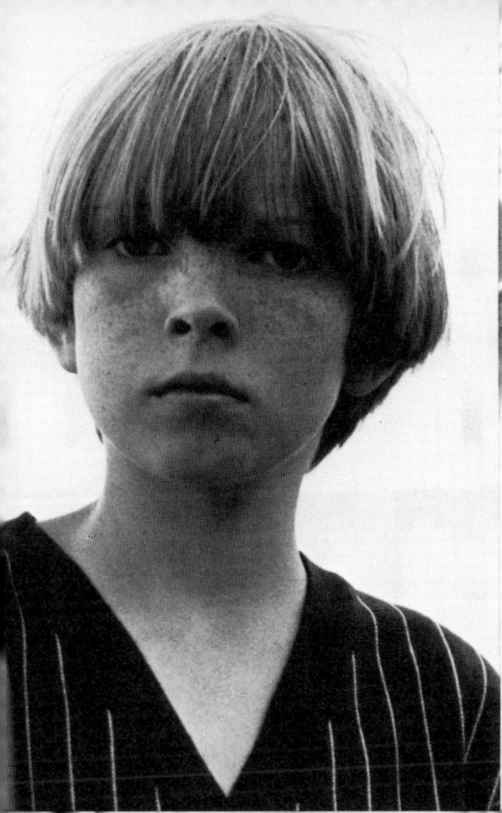

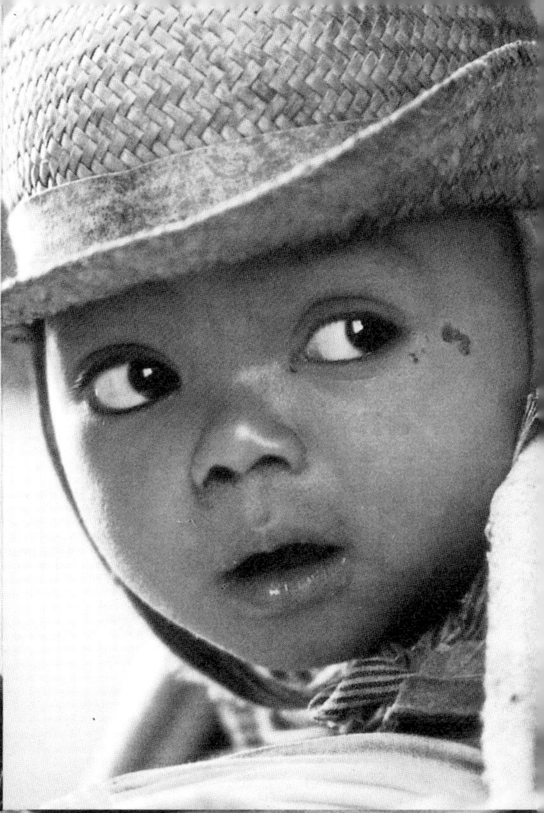

43 Kinderlied unter der Kniebeuge

Ich bin ein Kind
bin viel zu klein,
möcht' gerne wachsen
in mich hinein.

Ich bin ein Kind
bin viel zu schwach,
brauch' meine Träume
im Ungemach.

Ich bin ein Kind
bin viel zu stumm,
euer kluges Reden
bringt mich noch um.

Ich bin ein Kind
bin viel zu bang,
nehmt eure Gespenster
doch selber an.

Ich bin ein Kind
bin viel zu arm,
eure kalten Schätze –
daß Gott erbarm.

Ich bin ein Kind
bin viel allein,
eure Honigworte
kleben mich ein.

Ich bin ein Kind
bin viel zu klein,
möcht' gerne wachsen
in euch hinein.

Und EINER sagt:
»Komm her zu mir,
was klein – ist groß!«
Erklärt es mir . . .

Hermine König

44 Orientierung am Kind

Weil das Kind nach oben orientiert ist, ganz dem Licht gehört, ist es *ganz Auge.*

Es nimmt seinem Schauen noch nichts weg durch den Rückblick auf sich selbst, durch den Seitenblick auf den Nebenmann.

In sein Sehen der Menschen und Dinge trägt es nicht eine vorgefaßte Absicht hinein. Sein Blick ist still, objektiv, unvoreingenommen. Darum sieht es den Glanz der Dinge, den Glanz ihrer Herkunft, und ihre Verbundenheit, sieht wie ein jedes ausgreift zur Mitkreatur . . .

Das Kind überschweigt auch *die Unwahrheit nicht,* wenn sie in seiner Umgebung geschieht. Weil für sein reines Auge die Unwirklichkeit einfach nicht existiert, bekennt es mitten in sie hinein die Wirklichkeit, sagt oder tut es das entlarvende Wort.

Das Licht im Kind weicht noch nicht vor dem Dunkel der Lüge wie bei den erwachsenen Leuten, die zwar noch Licht in sich haben, es aber respektvoll abschirmen, unter den Scheffel stellen, sobald sie sich irgendeinem machtvollen oder glanzvollen oder gescheiten Anschein einer verlogenen Welt gegenübersehen: Weil sie erwachsen sind und die Welt besser kennen als das Kind (die Welt besser kennen, als sie Gott kennen), halten sie die Komplikationen und Schliche der Lüge für mächtiger als das einfache Licht der Wahrheit.

Das Kind ist ein einziger fröhlich respektloser Angriff der Wirklichkeit auf die Unwirklichkeit, so entlarvt es den Unsinn und die Ohnmacht der Unwirklichkeit. »Der Kaiser hat ja nichts an!«, so ruft es in Andersens Märchen von des Kaisers unsichtbaren Kleidern, vor denen alle Leute bewundernde Verbeugungen machen.

Mit seiner schuldlosen Offenheit bringt das Kind auch Erwachsene noch dahin, daß sie erröten. Weil diese Offenheit schuldlos und wehrlos ist, wendet sie sich auch an das Kind im Erwachsenen und ruft es hervor. Ein errötender Großer: einer, der unversehens wieder klein und Kind wurde. Darum hat das Ertapptwerden durch ein Kind für den Unverhärteten zugleich etwas Bekehrendes und Erlösendes. . . Wer sein Falsches durch ein Kind verneint sieht, weiß und verspürt doch zugleich, daß dieses Kind ihm sein gläubiges Ja nicht entzieht, und möchte es nicht länger enttäuschen.

Die bekehrende Macht des Kindes beruht auf seinem Ja-Geist. Es entlarvt unser Falsches nicht aus Freude an der Kritik, nicht weil es will, daß das Unten des anderen sein eigenes Oben sei, das Weniger des anderen sein eigenes Mehr; es setzt noch nicht eine größere Finsternis gegen eine geringere wie wir Erwachsenen mit unserem lieblosen Kritisieren, sondern es läßt unser Dunkel nur darum nicht stehen, weil es selbst licht ist und an das Licht in uns glaubt.

Heinrich Spaemann

45 glückliche Erinnerung

Sonntagnachmittag, 14 Uhr: Ich sehe mich als 10jähriger Junge auf der Empore unserer Pfarrkirche stehen, genau in der Mitte, wo sie eine kleine kanzelartige Ausbuchtung hat. Mir gegenüber, nur durch den Kirchenraum getrennt, der Altar mit dem Tabernakel. Hinter mir auf der Orgelbank sitzt mein Vater, mit dem Rücken zum Altar. In einem großen Spiegel, der schräg über dem Orgeltisch hängt, verfolgt er das Geschehen in der Kirche.

Ich bin stolz darauf, daß mein Vater die Orgel spielt und daß ich mit ihm auf die Orgelempore darf, was eigentlich nur den Sängern des Kirchenchores erlaubt ist. Ich fühle mich herausgehoben aus der Masse der übrigen Kinder, die sich vorn in den ersten Kniebänken drängeln. Ich kann sie beobachten. Offenbar macht es ihnen nichts aus, läßliche Sünden auf sich zu laden, denn die schwätzen und kichern und kneifen sich.

Es ist Andacht zum Allerheiligsten Sakrament des Altares. Die Monstranz mit der Hostie steht auf einem kleinen Podest über dem Tabernakel, von weißem Flieder und zwölf brennenden Kerzen umschimmert. Weihrauchschwaden werden sichtbar, wenn sie von schräg einfallenden Sonnenstrahlen getroffen werden. Der süßliche Geruch verstärkt die Trägheit, die nach dem reichen Sonntagsmahl alle befällt.

Die Lieder sind fremd und anziehend zugleich: »Ave Jesu, wahres Manhu, Christe Jesu.« Erst nach der Litanei, deren Singsang die Gemeinde in Halbschlaf schaukelt, kommt wieder Leben in die Szene: Der Pfarrer erhebt sich mühsam von seiner Kniebank; er geht an die Stufen des Altares. Vater zieht die Register zum »Tantum ergo«; alle singen kräftig mit. Während des Gesangs schrecken die letzten heimlichen Mittagsschläfer auf; der Küster, ein kleiner alter Mann, dessen Gelenke bei jeder Kniebeuge vernehmlich knacken, holt den Chormantel: einen weiten Umhang aus schwerem Brokat, mit erhabenen Stickereien aus Goldfäden und einer großen Silberschließe über der Brust. Den Mantel mit hoch gestreckten Armen vor sich her tragend, trippelt er von hinten an den knieenden Priester heran und hängt ihm das Prunkgewand über die Schultern. Der hochwürdige Herr erhebt sich, der Mantel reicht bis auf den Boden. Noch einmal tritt der Küster auf, diesmal festen Schrittes, um dem Pfarrer das Velum umzulegen, einen weißen, innen goldfarben gefütterten breiten Seidenschal. Die Enden des Velums schlägt der Priester um den Fuß der Monstranz, bevor er sie in beide Hände nimmt, sich dem Volk zuwendet und den feierlichen Segen erteilt. Alle knien nieder, neigen den Kopf, bekreuzigen sich, schlagen dreimal an die Brust, bekreuzigen sich wieder. Die Meßbuben schütteln heftig ihre Schellen, der Küster läßt die Sanktus-Glocke kurz aufläuten und der Rauchfaßschwinger hat seinen großen Auftritt: in Sekunden hüllt er den Altarraum in blaue Wolken.

Zum Abschluß der Andacht schreitet der Pfarrer im Chormantel durch den Mittelgang der Kirche, abwechselnd nach links und rechts Weihwasser sprengend, und gleichzeitig stellt er mit sicherem Auge fest, wer nicht da ist. Unter der Empore verharrt er kurz, schaut nach oben und macht mit dem Sprengwedel eine Gebärde zu uns. Dann kehrt er um und geht mit großen Schritten zum Altar zurück. Die beiden Meßbuben, die Wasser und Wedel tragen, haben Mühe, ihm zu folgen, ohne sich in ihren Ministrantenröcken zu verfangen. Ein Sturz mit dem Wasserkessel ist zwar selten, aber jederzeit möglich. Das gibt dem Ende der Andacht eine gewisse Spannung.

Während Vater Schlußkadenzen improvisiert, treten die Leute aus den Bänken und streben, nach einer tiefen Kniebeuge, dem Ausgang zu. Nur die Kinder müssen in ihren Bänken bleiben, bis der Pfarrer in der Sakristei seine feierlichen Obergewänder abgelegt hat und in schlichter schwarzer Soutane wiederkommt. Nach kurzer Ermahnung, das nächste Mal andächtiger zu sein und nicht so viel zu schwätzen, intoniert er endlich das Entlassungsgebet, das in größter Eile geleiert wird. Dann kommt der Augenblick, auf den ich während der ganzen Andacht gewartet habe: Ja, sie schaut beim Hinausgehen verstohlen zu mir herauf und lächelt mir zu, mir ganz allein, denn sonst ist ja niemand mehr auf der Empore. Ich bin so glücklich, daß es wehtut.

Heute, nach einem halben Jahrhundert, weiß ich es noch. Wie soll man es nennen? Nostalgie? Religiöse Sozialisation? Korrelation erster zarter Liebe mit der Verehrung des Allerheiligsten? Wer weiß das, und was bringt es, wenn man es weiß? Für mich jedenfalls ist es eine glückliche Erinnerung. *Emil Martin*

46 der Mut andere zu lehren

»Ich habe gegen alle Akademien einen großen Widerwillen und würde es vor einer Strafe meiner Sünden halten, wenn ich die Pflicht hätte, einer Menge ungezogener und wilder Jünglinge, wie fast alle Studenten sind, Sachen vorzusagen, die sie zum Teil nicht hören oder doch nur hören, um sie sogleich wieder zu vergessen, und vor die ein Lehrer zu gut ist, der, wider die Gewohnheit akademischer Lehrer, sich vor ihr wahres Bestes interessiert und gerne seine Kräfte und seine Nächte dazu anwendet, die glückseligmachenden Wahrheiten mit ihnen vertraulicher zu machen.«

So schreibt *Christoph Martin Wieland* 1752 von Tübingen aus an *Johann Jakob Bodmer* in Zürich. Und er war wirklich ein umgänglicher Mensch, seine vielen Freunde (unter ihnen *Goethe*) bewiesen es.

Doch solche und ähnliche Klagen tönen durch die Jahrhunderte. Der im vergangenen Jahr gefeierte 250. Geburtstag Wielands gibt Anlaß, seinen Seufzer halb lächelnd und halb ernst zu bedenken.

Jeder Lehrer kennt die Erfahrung, aus innerster Überzeugung heraus reden zu müssen – und nicht gehört zu werden. Und doch ließen sich Generationen von Lehrern nicht abschrecken. Sie faßten sogar erstaunlicherweise immer wieder Mut in dieser Erfahrung, selber zu lernen. Phantasie und Erfindungsgeist erwachten, andere auf neue Weise zum Lernen sei's zu ermuntern, sei's zu überreden.

So sagt dieser Seufzer Wielands wohl mehr aus über die ältere Generation als über die Jugend. *Margot Saller*

47 wie ein fröhlicher Steuermann

steuernd
gesteuert
ein mann
übermannt
des steuerns lasten
gewogen
gelenkt
ausgelotet
ausgebootet
im fahrwasser
im fluß
gegen den strom
in der woge
im boot

und fröhlich darüber
der blick in die tiefe
mehr als wellen sehend
ahnend
wissend

die wahrheit liegt tief
im tiefgang

ein gesicht wie wellen
zerfurcht vom seegang
gezeichnet vom tiefgang
übersonnt vom ziel

Leo Bach

48 ein hörendes und weites Herz

Im ersten Buch der Könige 3,5-15 wird uns der Traum des jungen Königs *Salomo* am Heiligtum zu Gibeon erzählt. In diesem Traum gibt Gott dem Salomo einen Wunsch frei, der in 3,9 artikuliert wird: »So mögest du deinem Knecht ein hörendes Herz geben, um dein Volk zu richten, um zwischen Gut und Böse zu unterscheiden, denn wer vermag dieses dein gewaltiges Volk zu richten.« Zwei Kapitel weiter lesen wir in 1 Kön 5,9: »Und Gott gab Salomo Weisheit und Einsicht über die Maßen und ein weites Herz – gleich dem Sand, der am Ufer des Meeres ist.«

Mich fasziniert das Sprechen vom »hörenden und weiten Herzen«. Diese Faszination wird auch nicht dadurch geschmälert, daß derselbe König Salomo, der von Gott ein hörendes und weites Herz geschenkt bekam, sich später zu einem Tyrannen entwickelte. Im Gegenteil: dieses Faktum macht mich auf Zusammenhänge aufmerksam, die leicht übersehen werden können. Das hörende und weite Herz ist kein Produkt, mit dem ich mich ein für allemal zur Ruhe setzen, in das ich mich einschließen kann – vielmehr ist es eine Gabe, die immer wieder von neuem meine Fähigkeit des Hörens und Weitwerdens herausfordert.

Das Bemühen um ein hörendes und weites Herz ist Ausdruck eines prozeßorientierten menschlichen Fühlens, Denkens und Handelns. Indem wir diese Herausforderungen annehmen, ist es uns möglich, einer drohenden Taubheit und Verengung des Herzens zu widerstehen und zu entgehen. Wie oft stehen wir in Gefahr, das menschliche Leben zu eng zu sehen und auszulegen, und merken dabei nicht, wie wir Lebensmöglichkeiten verfehlen.

Es ist nicht zu leugnen, daß es im Leben eines jeden Menschen genügend Anstöße gibt, die ihn taub, bitter, anklagend, selbstbemitleidend, eng- und hartherzig werden lassen können. Im Märchen vom »*Froschkönig*« begegnen wir im Diener Heinrich einem Menschen, der sich den Verlust seines Herrn so zu Herzen genommen hat, daß sein Herz durch drei Bänder eingeengt ist. Am Schluß des Märchens heißt es: »Heinrich der Wagen bricht.« / »Nein Herr, der Wagen nicht, / es ist ein Band von meinem Herzen, / das da lag in großen Schmerzen, / als Ihr in dem Brunnen saßt, / als Ihr eine Fretsche wast.« – Die Erlösung des Königs wirkt sich befreiend auf den Diener aus.

Beachten wir: die Ängste des menschlichen Herzens haben ihren Ursprung in dessen Engherzigkeit. Ein weites Herz kann vor Ängsten bewahren, drohende Ängste bewältigen.

Im Beten der Psalmisten begegnen wir an vielen Stellen der Polarität von Enge und Weite im und um den Menschen herum; einige seien hier zitiert:

Ps 4,2: *... gabst mir im Engen Weite.*
Ps 18,20: *Er führte mich hinaus ins Weite.*
Ps 18,37: *... gabst Weite meinem Schritt unter mir.*
Ps 25,17: *... meines Herzens Beengung weite, aus meinen Nöten hole mich hervor.*
Ps 31,9: *... du hast die Füße mir gestellt ins Weite.*
Ps 118,5: *Ruf ich aus der Enge zum Herrn, erhörte in der Weite mich der Herr.*
Ps 119,32: *Ich laufe den Weg deiner Gebote, denn du weitest mein Herz.*

In den hier aufgezeigten Psalmstellen ist es Gott, der aus der Enge der Lebensumstände Weite eröffnet, aus der Angst erzeugenden Enge herausführt.

Nach der Auffassung der Bibel ist ein menschliches Herz die Mitte des Menschen. Das Beten um ein hörendes und weites Herz kann als ein Beten um mehr Menschlichkeit verstanden werden.

Was Weite des Herzens bedeuten kann, hat *Elias Canetti* in seinem Buch: »Die gerettete Zunge« (FTB 2083) artikuliert: »Was Weite ist, wußte ich damals noch nicht, aber ich empfand sie: daß man so Vieles und Gegensätzliches in sich fassen kann, daß alles scheinbar Unvereinbare zugleich seine Gültigkeit hat, daß man es fühlen kann, ohne vor Angst davor zu vergehen, daß man es nennen und bedenken soll, die wahre Glorie der menschlichen Natur, das war das Eigentliche, was ich von ihr lernte.« *Elias Canetti* macht hier seiner leiblichen Mutter, die er im gleichen Buch als stolze Spaniolin bezeichnet, diese Liebeserklärung. Ach, wenn wir, die wir uns Söhne und Töchter der »Mutter Kirche« nennen, ihr auch dieselbe Liebeserklärung machen könnten!

Hermann Josef Perrar

49 nur der nächste Schritt

Der Alte hieß Beppo Straßenkehrer. In Wirklichkeit hatte er wohl einen anderen Nachnamen, aber da er von Beruf Straßenkehrer war und alle ihn deshalb so nannten, nannte er sich selbst auch so.

Beppo Straßenkehrer wohnte in der Nähe des Amphitheaters in einer Hütte, die er sich aus Ziegelsteinen, Wellblechstücken und Dachpappe selbst zusammengebaut hatte. Er war ungewöhnlich klein und ging obendrein immer ein bißchen gebückt, so daß er Momo nur wenig überragte. Seinen großen Kopf, auf dem ein kurzer weißer Haarschopf in die Höhe stand, hielt er stets etwas schräg, und auf der Nase trug er eine kleine Brille.

Manche Leute waren der Ansicht, Beppo Straßenkehrer sei nicht ganz richtig im Kopf. Das kam daher, daß er auf Fragen nur freundlich lächelte und keine Antwort gab. Er dachte nach. Und wenn er eine Antwort nicht nötig fand, schwieg er. Wenn er aber eine für nötig hielt, dann dachte er über diese Antwort nach. Manchmal dauerte es zwei Stunden, mitunter aber auch einen ganzen Tag, bis er etwas erwiderte. Inzwischen hatte der andere natürlich vergessen, was er gefragt hatte, und Beppos Worte kamen ihm wunderlich vor.

Nur Momo konnte so lange warten und verstand, was er sagte. Sie wußte, daß er sich so viel Zeit nahm, um niemals etwas Unwahres zu sagen. Denn nach seiner Meinung kam alles Unglück der Welt von den vielen Lügen, den absichtlichen, aber auch den unabsichtlichen, die nur aus Eile oder Ungenauigkeit entstehen.

Er fuhr jeden Morgen lange vor Tagesanbruch mit seinem alten, quietschenden Fahrrad in die Stadt zu einem großen Gebäude. Dort wartete er in einem Hof zusammen mit seinen Kollegen, bis man ihm einen Besen und einen Karren gab und ihm eine bestimmte Straße zuwies, die er kehren sollte.

Beppo liebte diese Stunden vor Tagesanbruch, wenn die Stadt noch schlief. Und er tat seine Arbeit gern und gründlich. Er wußte, es war eine sehr notwendige Arbeit.

Wenn er so die Straßen kehrte, tat er es langsam, aber stetig: Bei jedem Schritt einen Atemzug und bei jedem Atemzug einen

Besenstrich. Schritt – Atemzug – Besenstrich. Schritt – Atemzug – Besenstrich. Dazwischen blieb er manchmal ein Weilchen stehen und blickte nachdenklich vor sich hin. Und dann ging es wieder weiter – Schritt – Atemzug – Besenstrich – – –.

Während er sich so dahinbewegte, vor sich die schmutzige Straße und hinter sich die saubere, kamen ihm oft große Gedanken. Aber es waren Gedanken ohne Worte, Gedanken, die sich so schwer mitteilen ließen wie ein bestimmter Duft, an den man sich nur gerade eben noch erinnert, oder wie eine Farbe, von der man geträumt hat. Nach der Arbeit, wenn er bei Momo saß, erklärte er ihr seine großen Gedanken. Und da sie auf ihre besondere Art zuhörte, löste sich seine Zunge, und er fand die richtigen Worte.

»Siehst du, Momo«, sagte er dann zum Beispiel, »es ist so: Manchmal hat man eine sehr lange Straße vor sich. Man denkt, die ist so schrecklich lang; das kann man niemals schaffen, denkt man.«

Er blickte eine Weile schweigend vor sich hin, dann fuhr er fort: »Und dann fängt man an, sich zu eilen. Und man eilt sich immer mehr. Jedesmal, wenn man aufblickt, sieht man, daß es gar nicht weniger wird, was noch vor einem liegt. Und man strengt sich noch mehr an, man kriegt es mit der Angst, und zum Schluß ist man ganz außer Puste und kann nicht mehr. Und die Straße liegt immer noch vor einem. So darf man es nicht machen.«

Er dachte einige Zeit nach. Dann sprach er weiter: »Man darf nie an die ganze Straße auf einmal denken, verstehst du? Man muß nur an den nächsten Schritt denken, an den nächsten Atemzug, an den nächsten Besenstrich. Und immer wieder nur an den nächsten.«

Wieder hielt er inne und überlegte, ehe er hinzufügte: »Dann macht es Freude; das ist wichtig, dann macht man seine Sache gut. Und so soll es sein.«

Und abermals nach einer langen Pause fuhr er fort: »Auf einmal merkt man, daß man Schritt für Schritt die ganze Straße gemacht hat. Man hat gar nicht gemerkt wie, und man ist nicht außer Puste.« Er nickte vor sich hin und sagte abschließend: »Das ist wichtig.

Michael Ende

50 der Weg des Wunderknaben

Es war einmal ein Wunderknabe, der im zartesten Alter schon die ganze Welt erkannte. Unter der Tür des Elternhauses wußte er über alles Bescheid, und von weither kamen die Menschen, um ihn sprechen zu hören und um seinen Rat zu holen. Er war zum Glück auch ein glänzender Redner und ließ den schwierigsten Fragen die größten Worte angedeihen, und manchmal auch die längsten. Man wußte nicht, woher er sie hatte, wie es bei Wunderknaben so ist. Sie lagen ihm einfach im Mund. Sein Ruf ging in die Welt hinaus, und bald wollte man überall von seinem Wissen profitieren.

So machte er sich auf die Wanderschaft und nahm sich vor, die ganze Welt, über die er immer gesprochen hatte, nun auch zu berühren. Doch kaum eine Stunde von zuhause kam er an einen Kreuzweg, der ihn zwang, zwischen drei Möglichkeiten zu wählen, denn nicht einmal ein Wunderknabe kann zugleich in verschiedenen Richtungen gehen. Er ging geradeaus weiter und mußte dabei links ein Tal und rechts ein Tal ungesehen liegen lassen. Schon war seine Welt zusammengeschrumpft. Auch bei der nächsten Gabelung büßte er Möglichkeiten ein, und bei der dritten, und bei der vierten. Jeder Weg, den er einschlug, jede Wahl, die er traf, trieben ihn in eine engere Spur. Und wenn er auf den Dorfplätzen sprach, wurden die Sätze immer kürzer. Die Rede floß ihm nicht mehr wie einst, als er ins Freie getreten war. Sie war belastet von Unsicherheit über das unbegangene Land, das er schon endgültig hinter sich wußte.

So ging er und wurde älter dabei, war schon längst kein Wunderkind mehr, hatte tausend Wege verpaßt und Möglichkeiten auslassen müssen. Er machte immer weniger Worte, und kaum jemand kam noch, ihn anzuhören. Er setzte sich auf einen Meilenstein und sprach nun nur noch zu sich selbst: »Ich habe immer nur verloren: an Boden, an Wissen, an Träumen. Ich bin mein Leben lang kleiner geworden. Jeder Schritt hat mich von etwas weggeführt. Ich wäre besser zuhause geblieben, wo ich noch alles wußte und hatte, dann hätte ich nie entscheiden müssen, und alle Möglichkeiten wären noch da.«

Müde, wie er war, ging er dennoch den Weg zu Ende, den er einmal begonnen hatte, es blieb ja nur noch ein kurzes Stück. Abzweigungen gab es jetzt keine mehr, nur eine Richtung war noch übrig und von allem Wissen und Reden nur ein einziges letztes Wort, für das der Atem noch reichte. Es sagte das Wort, das niemand hörte, und schaute sich um und merkte erstaunt, daß er auf einem Gipfel stand. Der Boden, den er verloren hatte, lag in Terrassen unter ihm. Er überblickte die ganze Welt, auch die verpaßten Täler, und es zeigte sich also, daß er im Kleiner- und Kürzerwerden ein Leben lang aufwärts gegangen war.

Hans Künzler

51 stehen bleiben – warten können

Die Ampel steht auf Rot. Wenn ich aus dem Fenster meines Arbeitszimmers sehe, kann ich das Farbenspiel unzählige Male beobachten: rot – gelb – grün, rot – gelb – grün. Die Rot-Phase dauert 40 Sekunden. Wenn ich nicht aus dem Fenster sehe, kann ich die Rot-Phase oft am Quietschen der Bremsen erkennen. In wenigen Sekunden bildet sich eine Autoschlange – genauer gesagt: drei Schlangen; denn die Straße hat drei Fahrspuren. In jedem Auto sitzt wenigstens einer, meistens mehr als einer. So sind es manchmal 100 Menschen, die in einer Rot-Phase an der Ampel unter meinem Fenster 20, 30 oder 40 Sekunden stille stehen. Und wenn es mit der »grünen Welle« nicht so richtig klappt, dann stehen dieselben 100 Menschen 200 Meter weiter wieder 20 oder 30 oder 40 Sekunden still. Und dabei sind die Fußgänger noch gar nicht mitgezählt.

Ich weiß nicht, was alle diese Menschen in solchen Sekunden denken. Werden sie nervös, weil sie nur im Schneckentempo weiterkommen? Oder sind die Autofahrer ärgerlich, weil sie öfter auf die Bremse treten müssen als auf das Gaspedal? Ich weiß es nicht. Aber eines weiß ich: Ohne Ampeln würden sie alle noch langsamer weiterkommen. Ohne Ampeln hätten wir längst das totale Verkehrschaos. Ohne das rote Licht für eine Richtung an der Kreuzung gäbe es nicht das grüne Licht für die andere Richtung.

Die Ampel ist ein unentbehrliches Hilfsmittel im technischen Zeitalter geworden. Vielleicht ist sie fast schon so etwas wie ein Sinnbild geworden. Das bezeugt ein immer mehr um sich greifender Sprachgebrauch. In Parlamentsreden oder Leitartikeln wird heute mit Vorliebe »grünes Licht« für alles mögliche gegeben: Grünes Licht für den Aufschwung, grünes Licht für eine neue Ost-West-Initiative, grünes Licht für die nächste Weltraumstation ...

Wenn wir aber so oft vom grünen Licht reden, sollten wir nicht vergessen, daß es an der Ampel auch die Rot-Phasen gibt. Ich bin für rotes Licht. Rotes Licht heißt: auf die Bremse treten, stehen bleiben, stille werden, warten können. Aber genau das wollen wir nicht. Oder wir haben es verlernt. Und wir werden ärgerlich und nervös. Kein Wunder, daß so vielen Menschen das Leben wie ein Chaos vorkommt!

Wer sein Leben vor dem Chaos bewahren will, sollte auf seinem Lebensweg dasselbe tun, was er auf der Straße tut: an jeder Kreuzung das rote Licht beachten, stehen bleiben, stille werden, warten. Für manche sind die fünf Minuten der Morgenandacht im Radio so ein rotes Licht vor dem neuen Tag. Für andere ist es ein besinnliches Buch auf dem Nachttisch abends vor dem Einschlafen.

Auf jedem Lebensweg gibt es Kreuzungen, an denen über die Richtung des Weges neu entschieden werden muß. Ohne das rote Licht wird es das grüne nicht geben. Jede Kreuzung ist ein Test, ob ich nervös werde oder warten kann. Und manchmal muß ich daran denken, daß die letzte Ampel an meinem Lebensweg auf Rot stehenbleiben wird. *Enno Wolters*

52 der Mann im Leiterwagen

Gott hört nicht auf sich zu offenbaren. Damit erhält die in Schriften niedergelegte »Offenbarung« am Ursprung unseres Glaubens keine Konkurrenz, aber sie gibt sich in der »Rede« unserer Tage und über den Mund heutiger Menschen zu verstehen. Und sie will, daß heute gehandelt wird. Der Bote, der prophetisch redet, soll von allen gehört werden. Da fehlt der Sprache der Insider oft die Verständlichkeit, die Kraft und die »Ansehnlichkeit«. Sie befaßt sich mit Problemen, deren Aktualität schwer zu entdecken ist.

Seit zwei Generationen wird darum auch von theologischen Interpreten immer wieder die »Nachricht« der Dichtungen interpretiert und vorgestellt (von *Romano Guardini* über die

»via indirecta« *Theoderich Kampmanns* bis zur Religionsdidaktik des »Dritten Auges«).

Ich möchte gern ein Gedicht vorstellen, das über sieben Jahre hin (ich habe es 1977 beim Tod des Dichters kennengelernt) nichts von seiner Stärke und seiner herben Würzigkeit verloren hat. Mir scheint, dies ist ein Gedicht, das aus dem Leben und für das Leben Zeugnis ablegt. Das Gedicht ist von *Günter Bruno Fuchs*. Es trägt den Titel »Leiterwagen«.

Da saß ein Mann im Leiterwagen
hat nie geschlafen, nie gewacht,
hat hundert Jahre so verbracht –

saß antwortlos und ohne Fragen.

Hat nur ein einzig Mal gelacht,
als ihm der Tod das Bett gemacht.
Das wollte ich euch nur sagen.

Warum ergreift mich dieses Gedicht? Das macht zunächst seine letzte Zeile. Sie ist ganz umgangssprachlich: »Das wollte ich euch nur sagen.« So beendet einer seinen Bericht oder seine Erzählung und kehrt zum Schweigen zurück, nicht ohne die Bedeutung des Gesagten durch ein »nur« so weit wie möglich zurückzunehmen. Sagen wollte er es uns, aber er beansprucht nicht, daß es für uns auch Bedeutung hätte.

Und doch hat es Bedeutung. Der Mann im Leiterwagen, dem weder Fragen noch Antworten gegeben sind, der nicht lacht (außer als er seinen Tod kommen sieht) und dessen Zustand weder als Schlafen noch als Wachen zu bezeichnen ist, lebt offenbar so, wie es einem unter den gegenwärtigen Umständen auferlegt werden kann. Die Sache ist nicht damit erledigt, daß wir *Günter Bruno Fuchs* in der DDR lokalisieren. Der lächelnde Staatsrats-Vorsitzende, die Staatsgrenze und die dreißig Tage Rentnerausreise pro Jahr sind zwar mit dem Sitzen in einem Leiterwagen symbolisiert. Aber da müßte doch zugleich von unserm wachsenden Desinteresse an den Deutschen in der DDR die Rede sein. Politische Aktionen können nicht verdecken, daß es der jungen Generation in ihrer Mehrzahl unwichtig geworden ist, wer dort lebt und wie er lebt.

Günter Bruno Fuchs spricht von dem Mann im Leiterwagen. Und ich? Bin ich freier? Wie frei ist ein Religionspädagoge in diesem Land und in seiner katholischen Kirche? Gewiß, ich kann sagen, was ich will, ausreisen und »austreten«, wie ich will. Aber kann ich – gebunden an soziale Systeme – verwirklichen, was gut, was nötig wäre? Sitze ich nicht im »Leiterwagen« der Subkultur, der ich angehöre?

Da sind die Schüler des Religionsunterrichts mit ihrer geringen Rezeptivität und die Lehrer mit ihren vergeblichen Bemühungen (manchmal auch: mit ihren bescheidenen Erfolgen). Da ist die Anstrengung so vieler Lehrer. Da sind die 15.000 Theologiestudenten, für die Staat und Kirche keine Verwendung haben – und alles, was da einer sagt und vorschlägt, verhallt, wie in den Gängen eines ausgestorbenen Kastells: »... antwortlos und ohne Fragen«. »Im Leiterwagen« – das ist doch auch die Situation des Religionspädagogen, der im Vergleich der letzten zwei Jahrzehnte sieht, wie die schönen Möglichkeiten eine nach der andern wenig genutzt werden.

Eine Rede in Lyon und deren lobende Rezension in der Zeitschrift, die ich abonniere; Aufforderungen wie: wir sollen nach dem Credo Paul VI. katechesieren, wir sollen einen vollständigen, den Umfang des »Catechismus Romanus« abdeckenden Unterricht halten, und wir sollen die ganze und unverfälschte Lehre der Kirche über die Eucharistie vermitteln – wer kann denn das angesichts des Sprachverlusts und des Symbolschwunds und angesichts einer fast verlorenen Hinführung zum Glauben in den Familien? Da kann ich schon verstehen, daß es (für den Dichter – auch für den Religionspädagogen?) eine Befreiung ist, vom »Tod das Bett gemacht« zu bekommen.

Hoffnungslosigkeit oder doch mindestens Skepsis sind nun allerdings nicht gerade ein Zeichen christlichen Glaubens. Auch wollte ich ja »das Prophetische« an der Dichtung entdecken.

Ich lese wiederum, was *Günter Bruno Fuchs* in diesem Gedicht sagt. Ich staune über die diskrete Kraft seiner Sprache, über die Kraft der in Symbolen sich aussprechenden Emotion und über die große Bereitschaft und Geduld, ein schier unerträgliches Schicksal »hundert Jahre« auszuhalten.

Die Botschaft vom Kreuz muß bezeugt werden. Wer ist schuld am Kreuz Jesu? Wer ist schuld an den vielen Kreuzen nach Jesus? Wer ist schuld an dem Kreuz, das heutige Institutionen bedeuten können?

Das ist eine Frage, die antwortlos bleiben muß. Nur, daß es durchgestanden werden kann und daß ich an ein Danach glaube, im Hinblick auf das zu lachen sich wirklich lohnt, und schließlich, daß es Mitmenschen gibt, die man immer noch mit »euch« ansprechen darf, das macht, daß man seine Jahre weiter verbringen kann.

Mancher sitzt nicht im Gefängnis; mancher empfindet sein Leben nicht als eine Gefangenschaft; viele ertragen Unsägliches, ohne daß ihre Klage laut wird; fast alle möchten gern lange leben; aber mancher wünscht sich den Tod herbei. Was ist allen gemeinsam? Daß alle ein »ihr« und ein »du« brauchen, daß die wenigen, aus der Diskretion sich hervorwagenden Aussagen gehört werden und daß hinter diesen Zuhörern, denen ich es sagen kann, *einer* ist, der mit ihnen und durch sie zuhört, das ist wichtig. Und diese wichtige Wahrheit ist in den herben Zeilen von Günter Bruno Fuchs enthalten: eine »nüchterne« Klage und ein Hinweis auf mögliche Hoffnung, ein sehr diskreter Hinweis allerdings.

Günter Stachel

53 Desiderata

Gehe ruhig und gelassen durch Lärm und Hast und sei des Friedens eingedenk, den die Stille bergen kann. Stehe, soweit ohne Selbstaufgabe möglich, in freundlicher Beziehung zu allen Menschen. Äußere deine Wahrheit ruhig und klar und höre anderen zu, auch den Geistlosen und Unwissenden; auch sie haben ihre Geschichte. Meide laute und aggressive Menschen, sie sind eine Qual für den Geist. Wenn du dich mit anderen vergleichst, könntest du bitter werden und dir nichtig vorkommen; denn immer wird es jemand geben, größer oder geringer als du.

Freue dich deiner eigenen Leistungen wie auch deiner Pläne. Bleibe weiter an deiner eigenen Laufbahn interessiert, wie auch immer. Sie ist ein echter Besitz im wechselnden Glück der Zeiten. In deinen geschäftlichen Angelegenheiten laß Vorsicht walten; denn die Welt ist voller Betrug. Aber dies soll nicht blind machen gegen gleichermaßen vorhandene Rechtschaffenheit. Viele Menschen ringen um hohe Ideale; und überall ist das Leben voller Heldentum. Sei du selbst, vor allen Dingen heuchle keine Zuneigung. Noch sei zynisch, was die Liebe betrifft; denn auch im Angesicht aller Dürre und Enttäuschung ist sie doch immerwährend wie das Gras. Ertrage freundlich-gelassen den Ratschluß der Jahre, gib die Dinge der Jugend mit Grazie auf. Stärke die Kraft des Geistes, damit sie dich im plötzlich hereinbrechenden Unglück schütze. Aber beunruhige dich nicht mit Einbildungen. Viele Befürchtungen sind Folgen von Erschöpfungen und Einsamkeit. Bei einem heilsamen Maß an Selbstdisziplin sei gut zu dir selbst. Du bist ein Kind des Universums, nicht weniger als die Bäume und Sterne; du hast ein Recht hier zu sein. Und ob es dir nun bewußt ist oder nicht: Zweifellos entfaltet sich das Universum wie vorgesehen. Darum lebe in Frieden mit Gott, was für eine Vorstellung du auch von ihm hast und was immer dein Mühen und Sehnen ist. In der lärmenden Wirrnis des Lebens erhalte dir den Frieden mit deiner Seele. Trotz all ihrem Schein, der Plackerei und den zerbrochenen Träumen ist diese Welt doch wunderschön. Sei vorsichtig. Strebe danach, glücklich zu sein.

Aus der alten St. Pauls Kirche, Baltimore. Von 1692

54 unsere Armut an Zeit

Zu unserem menschlichen Alltag gehören nicht nur – wie wir alle wissen, Erfahrungen des Glücks. Es gibt auch sogenannte »negative Erfahrungen«, die wir gern verdrängen, mit denen wir uns nur ungern auseinandersetzen.

Daß es möglich ist, sich diesen Erfahrungen zu stellen und nicht vor ihnen zu flüchten, zeigt sich deutlich im Leben heiliger Mönche. Diese wollten durch ihren Rückzug aus der Welt nämlich gerade nicht der Wirklichkeit entfliehen – und wenn sie es wollten, konnten sie es nicht –, sondern sich ihr radikal aussetzen. Sie wollten grundlegende Erfahrungen der Menschen: Einsamkeit und Angst, Armut und Unvollkommenheit und in allem Endlichkeit und Tod auf sich nehmen und dabei allem entsagen, was ihnen den Zugang zu dieser Wirklichkeit verstellen konnte.

Wie sie, könnten auch wir erleben, daß diese scheinbar nur leidvollen Erfahrungen, wenn sie ausgehalten werden, ihren rein negativen Charakter verlieren und dadurch auch den Menschen selbst verwandeln können. Denn in der Annahme dessen, was nun einmal zu unserer Erfahrungswirklichkeit gehört, gewinnen wir an Menschlichkeit und wohl auch an Barmherzigkeit gegenüber all denen, die der gleichen Wirklichkeit ausgesetzt sind.

Eine solche Erfahrung, die wir täglich machen, ist unsere Armut an Zeit. Wie oft hören wir es am Tage oder sprechen es selber aus: Ich habe keine Zeit. Vielleicht werden Sie entschuldigend hinzufügen: Ich habe wirklich keine Zeit und vielleicht haben Sie häufig sogar recht. Und dennoch gilt: Wir haben eigentlich nie Zeit, schon deshalb nicht, da wir immer darauf bedacht sind, keine Zeit zu verlieren, wie wir auch immer darauf aus sind, Zeit zu gewinnen. Da wir möglichst viel Zeit »herauszuschlagen« suchen, kämpfen wir um unsere Zeit, und jeder Mensch wird uns dabei zum Feind, der unsere Zeit in Anspruch nehmen will.

In diesem Zusammenhang sind die Beobachtungen eines Südseehäuptlings zum Verhalten des weißen Mannes bezeichnend: »Es gibt in Europa nur wenige Menschen, die wirklich Zeit haben. Vielleicht gar keine. Daher rennen auch die meisten durchs Leben wie ein geworfener Stein. Fast alle sehen im Gehen zu Boden und schleudern die Arme weit von sich, um möglichst schnell voranzukommen ... Sie tun gerade so, als ob ein Mensch, der schnell geht, mehr wert sei und tapferer als der, welcher langsam geht. Ich glaube, die Zeit entschlüpft ihm wie eine Schlange in nasser Hand, gerade weil er sie zu sehr festhält ... Er jagt immer mit ausgestreckten Händen hinter ihr her, er gönnt ihr die Ruhe nicht, sich in der Sonne zu lagern« (Jörg Zink). Doch auch wenn wir, wie hier so anschaulich geschildert wird, hinter dieser Zeit herlaufen und sogar um unsere Zeit kämpfen – es bleibt doch unser Problem: Wir haben keine Zeit. Dieses Problem gehört zu unserem Menschsein, denn die Zeit des Menschen ist bemessen und sein Leben ist kurz. Der Mensch ist arm an Zeit.

Wenn Christsein für uns heute bedeutet, daß wir die Wirklichkeit unseres Menschseins annehmen und allem entsagen, was uns diese Wirklichkeit verstellt, dann gilt es in diesem Falle, die dem Menschen auferlegte Armut an Zeit für unser Leben anzunehmen.

In der Schrift ist es das Kennzeichen des typisch Reichen, dem keine Seligpreisung gilt, geschäftig zu sein, keine Zeit zu haben

und die verfliegende Zeit in verpaßten Gewinnchancen aufzurechnen. Charakteristisch hingegen für Jesus ist es, daß ihm seine Zeit nie wertvoller erscheint als die Zeit der Unglücklichen, die ihn umlagern. Er zeigt sich reich an Zeit und schenkt sie allen, die sie brauchen. Es gibt eine Begebenheit im Leben Jesu, die dies besonders deutlich macht: Die Heilung der blutflüssigen Frau (Mk 5,21-43). Jesus ist auf dem Wege, die Tochter des Synagogenvorstehers Jairus zu retten, und die Zeit drängt. Da berührt eine kranke Frau im Glauben an seine Macht den Saum seines Gewandes. Offensichtlich will sie ihm jede Belästigung, jeden Zeitverlust, ersparen. Ihr Glaube aber berührte nicht nur den Saum seines Gewandes, denn Jesus wendet sich ihr zu und spricht mit ihr. Und es scheint nun so, daß er darüber den Zustand des Kindes und die Not des Vaters vergißt, daß er kostbare Zeit verschwendet. Aber Jesus, der seine Zeit von Gottes Ewigkeit umfangen weiß, zeigt hier, daß Liebe Zeit läßt, ja, daß sie sogar Zeit schenkt, was auch die Tochter des Jairus noch erfahren wird, die er in die Zeit, in das Leben zurückruft.
Wer wie Jesus seine Zeit umfangen weiß von der Ewigkeit Gottes als des Ursprungs aller Zeit, wird nach seinem Beispiel jedem seine Zeit schenken, der ihn darum bittet. Er wird deswegen auch die ihm auferlegte Armut an Zeit annehmen und sich, indem er sie annimmt, als der Barmherzige erweisen. In seiner Barmherzigkeit wird er darüber hinaus etwas erspüren, was jemand, der ängstlich auf seine Zeit bedacht ist, niemals erfahren wird – daß nämlich Liebe Zeit hat, daß sie Zeit läßt, ja, daß sie sogar Zeit schenkt.

Max Eugen Kemper

55 mit Jesu Augen sehen lernen

Worte können ermutigen. Nicht nur die großen Worte. Manchmal ist es ein belangloser Nebensatz, der neues Licht wirft.
Da war ein junger Mann. Seit zwei Jahren arbeitete er in der großen Stadt, und doch waren seine Arbeitskollegen ihm fremd geblieben. Da, eines Tages wurde das anders: Ein älterer Kollege erzählte von einer Familienfeier. Nebenbei fiel die Bemerkung: »Der Udo, mein Enkelkind, ich bin richtig stolz auf ihn«. Obwohl es nur fast ein Nebensatz war, dem jungen Mann ist diese Äußerung zum Schlüssel geworden. Die Anonymität des Arbeitsplatzes war durchbrochen. Der ältere Arbeitskollege hatte ein menschliches Gesicht bekommen.

Solche Erfahrungen kann man auch beim Bibellesen machen. Ein Nebensatz, den man schon oft gelesen oder gehört aber noch nie beachtet hat, kann plötzlich große Leuchtkraft bekommen. Ein solcher Satz steht beim Evangelisten Markus in der Erzählung von der Totenerweckung der Tochter des Jairus (Mk 5,35-43). Jairus, ein Synagogenvorsteher, kommt zu Jesus, fällt ihm zu Füßen und bittet: »Meine Tochter liegt im Sterben. Komm und leg ihr die Hände auf, damit sie wieder gesund wird und am Leben bleibt.« Jesus geht mit dem Synagogenvorsteher zu dessen Haus. Da kamen ihm schon Leute entgegen, meldeten den Tod des Mädchens und meinten, alle Mühe sei jetzt umsonst. Jesus ermutigte den Vater: »Sei ohne Furcht! Glaube mir!« Jesus ging mit den Eltern und seinen Begleitern – Petrus, Johannes und Jakobus – in das Zimmer des Mädchens, faßte es bei der Hand und sagte: »Mädchen, ich sage dir, stehe auf.« Als das zwölfjährige Mädchen aufstand und vor den Augen der Leute umherging, gerieten alle außer sich vor Entsetzen. Nie hatten sie so etwas erlebt. Am Ende der Erzählung heißt es – wie in einem Nebensatz: »Dann sagte Jesus, man solle dem Mädchen etwas zu essen geben.«

Ungeheures ist geschehen, alle sind gefesselt. So etwas hatte niemand erwartet. Die Menschen erahnen: Hier ist mehr als ein Prophet. Doch Jesus folgt mit seinen Augen dem Mädchen und weist die Leute darauf hin, daß das Mädchen Hunger haben muß: »Gebt ihm etwas zu essen.«

Nachdem Jesus, als der in der Kraft Gottes Wirkende, vor allem Volk in Erscheinung getreten war, zeigt sich in seinen Worten sein menschliches Antlitz. Er fühlt mit dem Mädchen. Es muß etwas zu essen haben. Hier rückt Jesus uns so nah, er wird uns vertraut. Wir bekommen selber einen Blick für die kleinen Dinge. Wie wichtig, wie ermutigend doch ein Nebensatz sein kann. »Dann sagte Jesus, man solle dem Mädchen etwas zu essen geben.«

Das ermutigt mich, die Menschen, die Umwelt neu zu entdecken. Oft sind es die kleinen Dinge, die Hoffnung schenken. Ein scheinbar belangloser Nebensatz kann auf alles neues Licht werfen. Welt und Menschen mit Jesu Augen sehen lernen kann dazu verhelfen. »Jesus sagte, man solle dem Mädchen etwas zu essen geben.«

Otto Riedel

56 mein sind die Jahre nicht

Mein sind die Jahre nicht, die mir die Zeit genommen;
mein sind die Jahre nicht, die etwa möchten kommen;
der Augenblick ist mein, und nehm ich den in acht,
so ist der mein, der Jahr und Ewigkeit gemacht.

Andreas Gryphius

57 die Gerechtigkeit Gottes lernen

Es ist kaum anzunehmen, daß der Evangelist Matthäus die Leser seines Evangeliums mit manchen seiner Worte auf Glatteis führen wollte. Und doch halte ich es für möglich, wenn nicht für sicher, daß einige der für ihn als Juden des 1. Jahrhunderts selbstverständlichen Worte von ihm anders gemeint waren, als sie von uns heute auf Anhieb verstanden werden.

Ich denke an das Wort »Gerechtigkeit«. Für uns bedeutet Gerechtigkeit eines Menschen: Er ist unbestechlich und korrekt. Er gibt jedem das, was ihm zusteht. Er zieht niemand vor, noch benachteiligt er den anderen. Er fällt einfach ein gerechtes, abgewogenes Urteil. Anders dachten die Israeliten. Für sie hieß Gerechtigkeit eines Menschen: Er hält sich treu an das, was er einmal versprochen hat. Er steht zu dem, was er einmal an Verpflichtungen in seinem Leben vorgefunden hat. Demnach war ein Familienvater gerecht, wenn er treu und unbeirrt für seine Frau und seine Kinder, wie aber auch für seine Eltern sorgte.

Ähnlich dachten Juden, wenn sie von Gottes Gerechtigkeit sprachen. Es war nicht nur der höchste Richter gemeint, der nach genauester Kenntnis vollkommen objektiv und unbeeinflußt ein gerechtes Urteil über die Menschen spricht. Gottes Gerechtigkeit ist nicht Übereinstimmung mit irgendwelchen Rechtsgrundsätzen, sondern etwas, was wir vielleicht mit Treue zu seinem Wesen und Treue zu seinen Versprechungen wiedergeben könnten. Gottes Gerechtigkeit und Gottes Heil war in den Augen Israels ein und dasselbe.

Und damit kommen wir dem Verständnis eines mißverständlichen Satzes im Matthäus-Evangelium (3,13-17) näher. »Nur so können wir die Gerechtigkeit, die Gott fordert, ganz erfüllen«, hören wir da Jesus in dem kurzen Dialog mit dem Täufer erklären. Man kann sicher sagen, daß das Wort »Gerechtigkeit« ein Schlüsselwort für dieses Evangelium ist. Matthäus allein bringt diesen Einschub, der die merkwürdige Situation am Jordan erklären soll. Für die junge Gemeinde, die vielleicht noch Jüngergruppen des Täufers Johannes neben sich erlebte, war es schwierig zu verstehen, daß der vom Vater gesandte Sohn Gottes (der nach dem Johannesevangelium selber mit Wasser und nach Matthäus sogar »mit Feuer und dem Heiligen Geist taufte«), sich der Bußtaufe des Johannes unterwarf. Es war damit das Ärgernis angesprochen, das Jesus von Nazaret mit seinem Leben und seinen Worten immer wieder gab. Der erwartete Messias, der Retter und Erlöser Israels kommt nicht in Macht und Herrlichkeit, sondern unterwirft sich von Betlehem bis Golgota den niedrigsten menschlichen Bedingungen.

Die Erklärung, die Jesus dem Johannes gibt – um die von Gott geforderte Gerechtigkeit ganz zu erfüllen –, weist auf den uns vordergründig nicht geläufigen, sondern auf den tieferen Sinn von Gerechtigkeit hin. Dieses erste Wort Jesu im Matthäusevangelium meint also die Treue, die der treue Gott von den Menschen fordert. Diese Treue ist die Antwort auf das Heil, das Gottes Treue dem Menschen schenkt. Solche Gerechtigkeit ist die Antwort des Menschen Gott und den Mitmenschen gegenüber. Eine Gerechtigkeit, die sich nicht auf »Gesetzestreue«, d. h. auf die bloße Beachtung von Geboten und Verboten des Gesetzes beschränkt. Sie will vielmehr die Macht der Liebe Gottes in dieser Welt annehmen und weitergeben, sie will »Gottes Gerechtigkeit erfüllen«. Jesus und Johannes tun das bei dieser Gelegenheit vorbildlich für alle Menschen. Nicht erst in diesem Augenblick wird Jesus seine hohe Herkunft und Würde zugesprochen. Es wird durch die Stimme aus dem Himmel nur bestätigt, was der Geist Gottes Jesus vom ersten Augenblick seiner menschlichen Existenz an geschenkt hatte: »Das ist (nicht: wird jetzt) mein geliebter Sohn, an dem ich Gefallen gefunden habe«.

Zugegeben, es bleiben für unser heutiges kritisches Verständnis Fragen offen – oder wenigstens Stoßseufzer. Zum Beispiel: Wann öffnet sich vor unseren Augen der Himmel? Wann sehen wir den Heiligen Geist sichtbar auf uns herabkommen? Wann ist für uns die Stimme Gottes zu hören, daß es keine Zweifel an seinen Worten und an seinem Willen gibt?

Entscheidend aber bleibt auch für uns das Vertrauen auf die uns zugesprochene und in unserer Taufe sakramental geschenkte Gerechtigkeit Gottes und der Auftrag, diese Gerechtigkeit gegenüber Gott und den Menschen nach besten Kräften zu erfüllen. *Erich Strick*

58 nachts

Ich fürchte den Tod.
Ich gebe es zu.
Ich fühl mich bedroht.
Auch du und du,
Ihr habt Angst wie ich
Vor dem Krebs und vorm Krieg.
Das behält man für sich
Und glaubt an den Sieg
Der Vernunft und der Wissenschaft.
Gott geb uns allnächtlich zum Glauben
Die Kraft. *Eva Strittmatter*

59 Anmerkungen über das Sterben

1. Sein halbes Leben hatte er damit zugebracht, über das Sterben zu philosophieren. Schließlich war er in der Theorie derart beschlagen, daß er seine ganze zweite Lebenshälfte lang hoffte, in der Praxis erst gar nicht geprüft werden zu müssen.

2. Eigentlich erstaunlich, wieviel kostbare Lebenszeit man darauf verwendet, um diesen paar Stunden, die das Sterben schlimmstenfalls dauert, dann auch gewachsen zu sein. Warum nur? Um als Toter eine bessere Figur zu machen vermutlich.

3. Was mich betrifft, ich versage todsicher im Sterben. Als Toter dann allerdings hoffe ich wieder voll meinen Mann stehen zu können.

4. Das Empörende am Sterben ist nicht das Umgebrachtwerden. Das Empörende sind die Warnungstafeln, die uns von eins bis achtzig darauf aufmerksam machen.

5. Für mich *allein* wäre sterben kein großen Problem, ich bin gewöhnt, daß manches mir schiefläuft. Besorgniserregend wird es erst dadurch, daß offenbar *alle* es müssen.

6. Eine der größten Schwierigkeiten, die sich beim Sterben ergeben, liegt im Zurückbleibenmüssen.

7. Wieso eigentlich »*Zurück*bleiben«? Was hat der Sterbende denn heute abend noch vor?

8. Die »Hinterbliebenen« implizieren einen betrüblichen Todesfall. Sobald man von »Hinterbleibenden« spricht, scheint letale Berechnung im Spiele.

9. Die Philosophen sind Egoisten. Fast jeder hat sich ein Leben lang sein Vademecum für's Sterben geschrieben. Aber hat schon mal einer von ihnen an eine Dienstvorschrift für's Weiterleben gedacht?

10. Das Weiterleben nach dem Tode ist eine Selbstverständlichkeit. (Nur für die Überlebenden nicht.)

11. Sterben ist eine der wenigen Disziplinen, die der Laie so gut wie ein Fachmann beherrscht. Ein Studium, das man sich sparen kann also.

12. Das Sterben eines Siebzigjährigen zeitigt einen merkwürdigen Nebeneffekt. Es belebt die Gleichaltrigen.

13. Oder. Was ihn so fit gehalten habe, wurde der Hundertjährige gefragt. Schmatzend verzog er den zahnlosen Mund. »Die Todesfälle Jüngerer.«

14. Jedoch. Noch nie haben Gleichaltrige derart bestürzt, wie nach dem Tod eines Fünfzigjährigen, in den Spiegel geblickt.

15. Daß den meisten das Sterben so schwerfällt, hat mit dem plötzlichen Ansturm der Abschiedsobjekte zu tun. Weshalb der Pessimist das Abschiednehmen auf's ganze Leben verteilt und am Lebensende schließlich so leicht ist, daß er das Sterben lediglich als Bestätigung seiner Korrektheit begreift.

16. Wobei als Nebenprodukt noch eine praktikable Ethik mit abfällt. Denn wenn ich täglich befürchte, die um mich sind, morgen nicht wieder sehen zu können, habe ich anders Umgang mit ihnen, als wenn ich zu wissen glaube, mich morgen schon *wieder* über sie ärgern zu müssen.

17. Ein total verabschiedeter Mensch. Hatte so oft von so vielen Abschied genommen, daß er bereits Abnutzungserscheinungen zeigte. (An Händen, Hutrand, Gesicht.) Und deshalb jetzt nicht mehr die Kraft, nun auch *wirklich* zu gehen. Wurde schließlich von all seinen Freunden, Bekannten gehaßt. Denn er hatte ja ein Versprechen gebrochen; das Versprechen, sich nun endlich davonmachen zu wollen.

18. »Es hinter sich haben« ist (zwar christlich, doch) falsch gebildet im doppelten Sinne. Es setzt, obwohl nur noch ein Niemand vorhanden, einen Jemand voraus und suggeriert obendrein, daß die Hauptsache erst komme; denn hinter mir kann ich nur etwas haben, wenn auch noch vor mir was ist.

19. Der Tod hat dafür Sorge getragen, daß »sterben« zur Gruppe der intransitiven Verben gehört. Daher der verzeihliche Glaube, er trete erst beim Exitus in Aktion.

20. Ist tatsächlich noch niemand auf den Gedanken verfallen, den individuell konturierten Schatten, der mir seit dem ersten Lichtüberfall folgt, mit meinem privaten, nur mir zugeschworenen Tod in Verbindung zu bringen?

Wolfdietrich Schnurre

60 Fahrt in den Morgen

Über Zufälle, die unsere Osterhoffnung mutig machen

Daß morgens um fünf Uhr so viele Wagen unterwegs sind, wundert uns sehr. Fahren in der Nacht ist offensichtlich nichts Außergewöhnliches. Wir sind selten so früh auf den Straßen. Heute, es ist der 1. März 1984, wollen wir zur Beerdigung der Mutter eines guten Freundes nach Sch. in der Nähe von Stuttgart fahren. Seine Mutter hatte uns oft durch ihre unbekümmerten Fragen überrascht, die lächelnd unsere fein gesetzten Theologen-Kreise durcheinanderwirbelten. Zuerst sprechen wir über die kritische und zugleich heitere Weisheit der Mutter und über unseren Freund, der nun wohl noch sorgsamer das Leben seines fast neunzigjährigen Vaters pflegen muß. Dann schweigen wir.

Draußen ist es um diese Zeit noch nachtschwarz; die Sterne am Vorfrühlingshimmel kommen uns in der stillen Kälte ganz nahe. Bei einer kurzen Rast sprechen wir leise, als könnten wir sonst jemanden aufwecken; beim Weiterfahren schweigen wir wieder. Wir sind nicht schläfrig, dafür sorgt schon der starke Kaffee; wir sind auch nicht gedrückt durch diesen Tod; ich glaube: mitten in der Nacht zu einem Toten fahren, das macht uns leise.

Da wir immer in südlicher Richtung fahren, graut auf der Höhe von Mainz links neben uns die Schwärze auf, die Sterne verflimmern. Als wir uns in Karlsruhe nach Stuttgart wenden, gleiten wir ostwärts nun geradewegs in die steigende Helle hinein. Im leichten Nebel sind jetzt Waldstücke und Dörfer wie im Scherenschnitt zu erkennen. Eine plötzliche und zugleich sehr leise Röte steigt auf, gleich ist sie rings um uns. Wir rollen in rötlicher Wolle. Und dann wächst die Sonne aus dem Hügel, ruhig in ihrem Feuer und gelassen in ihrem Sieg. Bald gleitet sie schon über die Hügel, dann springt sie dahin zwischen den Tannen am Autobahnrand. Gleich ist es halb acht.

Geblendet vom Gegenlicht beginnen wir die Laudes zu beten, die ganz normale Werktagslaudes der vierten Woche. Nach der Einleitung der Hymnus:

Seht, golden steigt das Licht empor –
da schwindet hin die dunkle Nacht,
die unseren richtungslosen Schritt
hart an des Abgrunds Rand gebracht.

Des neuen Tages heitres Licht
dringt tief in unsre Seele ein
und macht, von Arglist ungetrübt,
des Herzens Streben klar und rein.

Von Aug und Zunge, Mund und Hand
bleib jede böse Regung fern;
so führe uns der neue Tag
aus Finsternis zum Licht des Herrn.

Ein Auge schaut auf uns herab,
das über unsrem Leben wacht:
es sieht voll Güte unser Tun
vom frühen Morgen bis zur Nacht.

Und jener letzte Morgen einst,
den wir erflehn voll Zuversicht,
er finde wachend uns beim Lob
und überströme uns mit Licht.

Gott Vater, dir und seinem Sohn
sei Lob und Dank und Herrlichkeit,
und auch dem Geist, der bei uns ist:
jetzt und in alle Ewigkeit. Amen

Dieser Hymnus treibt uns plötzlich hoch. Beide sprechen wir ihn seit über zwanzig Jahren an jedem Donnerstagmorgen, aber an diesem Donnerstag wird er uns zur Botschaft. Wir unterbrechen die Laudes und wünschen uns gegenseitig die Erfüllung des Versprechens in diesem ganz zufälligen Morgenlied auf einer Fahrt zu einer Beerdigung: ». . . des neuen Tages heiteres Licht . . . So führe uns der neue Tag aus Finsternis zum Licht des Herrn . . . und jener letzte Morgen einst . . . überströme uns mit Licht.« Die Nacht, die Fahrt, die Sonne wecken uns auf für neue Nächte, Fahrten und Sonnen.

Überraschend pünktlich sind wir schon kurz vor zehn Uhr auf dem Friedhof. Das glasige Licht des Vorfrühlings liegt über der kleinen Stadt und hängt in dem Astwerk der Linden, die die Friedhofskapelle säumen. Die Trauergäste sind gar nicht so traurig, scheint ihnen die Sonne so österlich? Selbst der neunzigjährige Gatte der Verstorbenen lächelt in seinem Rollstuhl am offenen Grab seiner Frau. Stärkt die Märzsonne so die Osterhoffnung? Mein Mitfahrer murmelt mitten in die Gebete über den Sarg: »Nun muß sich der Laudes-Hymnus bewahrheiten . . . ‚überströme uns mit Licht'. Hoffentlich fahren wir in den Morgen.«

Gottfried Bitter cssp

61 fernwärts

Stillen Segeln gleich,
unbekanntem Ziel entgegen
treiben wir,
schwebend zwischen
Traurigkeit und Freude
fremden Häfen zu.

Fernwärts, lichtwärts
himmelan,
hoffend, daß uns dort,
losgelöst von aller Erde,
Antwort und
Verkündung werden.

Jochen Bartsch

62 wenn nichts mehr geht, dann gehen

Bei einer Meditationswoche blieb mir ein Satz hängen, der mich seitdem begleitet: »Wenn nichts mehr geht, dann gehen.« Gehen meint hier nicht: Davongehen, fliehen, ausreißen oder verduften. Gehen meint hier: sich bewegen, sich auf den Weg machen.

»Wenn nichts mehr geht, dann gehen.« Sobald der Mensch wieder auf den Füßen steht, spürt er, daß die Erde trägt, daß wir uns bewegen und bewegt werden, neue Kräfte spüren wir, die Luft und der Sauerstoff kommen auf uns zu, und wir leben; das Ziel wird beim Gehen wieder in den Blick kommen, und wir erfahren, daß so vieles im Leben geschenkt, verdankt ist. Die schönsten Dinge im Leben erhält der Mensch geschenkt.

»Die Trostlosigkeit, – so las ich in einer Zeitung – besteht nicht darin, daß wir nicht auf dem rechten Weg sind, sondern auf gar keinem«. Beim Gehen spüren wir wieder den Weg, neues Vertrauen kommt auf uns zu, und wir erfahren, daß es der rechte Weg ist. Wir machen die Erfahrung wie der Gelähmte im Neuen Testament, die Erfahrung einer hereinbrechenden Befreiung: Wir werden buchstäblich wieder auf die Füße gestellt. »Der Gelähmte geht«.

Ein Gelähmter kann natürlich nicht gehen; er kann sich nicht bewegen, nicht laufen, nicht schwimmen, nicht tanzen. Wir kennen auch andere Weisen von Gelähmt-sein: Durch einen Schock, durch großen Erfolg, durch Angst, durch plötzliche Freude oder wenn andere es nicht mögen, daß wir uns entfalten. Es gibt lähmende Einflüsse. Die Gnadenlosigkeit dieser Welt hindert uns am »Gehen«. Wie gut, daß andere da sind, die den Gelähmten tragen. Jesus sieht den Glauben der anderen. Sie tun etwas für den, der nichts mehr für sich selbst tun kann. Der Gelähmte kann so zu Jesus kommen. Oft geht Barmherzigkeit auf leisen Sohlen, wenn sie wirklich helfen und nicht erschrekken soll.

»Geh hin! Dein Glaube hat dich gesund gemacht.« Glaube macht viele krank; sie sitzen darauf. Was sie nicht bewegt, lebt nicht. So leiden viele am Glauben. Wenn du krank am Glauben bist, dann bewege dich im Glauben, bewege deinen Glauben; dann wird er nicht fanatisch, finster, engstirnig. Beim Gehen gerät er aus der Enge in die Weite. Er wird dich heil machen. Er kommt dir entgegen während des Gehens: Lob und Preis ist die Antwort. Er bringt in Bewegung auf Gott hin, den Jesus verkündet und den der Gelähmte erfahren durfte. Der Gelähmte wird so zu einem Bild für ein »vielfältiges Verflochtensein in alte Strukturen«, zugleich aber auch ein Bild für hereinbrechende Befreiung. Ein Mensch wird auf die Füße gestellt. Er kann wieder gehen.

»Wenn nichts mehr geht, dann gehen«. Wenn ich mich gelähmt fühle, ist es wichtig, daß andere da sind, die Mut machen. Oft wissen wir nicht, welches der rechte Weg auf unserem Lebensweg für uns ist. Für Mose im Alten Testament war es wichtig zu erfahren, daß Gott vor ihm hergeht und er ihm nachgehen kann, wichtig im Blick auf seine Aufgabe, das Volk Israel durch die Wüste in das gelobte Land zu führen. Wenn Gott vor ihm hergeht, kann er auch recht gehen und das Volk führen. Gottes Weg auf dieser Erde ist der Weg Jesu Christi. Diese Erfahrung durfte der Gelähmte machen. Er verkündete diese befreiende Erfahrung und folgte ihm nach.

Dieser Weg geht oft nicht dahin, wohin wir wollen; wir sollen Ihm folgen, dahin, wo Er hingeht. Der verbindliche Weg Jesu ist sein Weg nach Jerusalem, in Leiden und Sterben, zur Auferstehung und zum Vater.

»Wenn nichts mehr geht, dann gehen.« – Ich bin das Licht der Welt, wer mir nachfolgt, wird nicht wandeln und gehen in der Finsternis, sondern das Licht des Lebens haben.«

Valentin Hertle

63 auf dem Weg zum Geheimnis

Rabbi Levi Jizchak hatte einst den Seder der ersten Passahnacht mit allen Intentionen gehalten, so daß jeder Spruch und jeder Brauch in der Weihe seines geheimen Sinns am Tisch des Zaddiks aufleuchtete. Nach der Feier, in der Morgendämmerung, saß Rabbi Levi Jizchak in seiner Kammer und war froh und stolz, weil ihm der Dienst dieser Nacht so geglückt war. Da aber redete es zu ihm: »Wessen berühmst du dich? Lieblicher ist mir der Seder Chajims des Wasserträgers als der deine.« Der Rabbi rief seine Hausleute und Schüler zusammen und fragte nach dem

Mann, dessen Name ihm genannt worden war. Niemand kannte ihn. Auf das Geheiß des Zaddiks gingen einige Schüler ihn suchen. Lange mußten sie umherlaufen, ehe ihnen am Rand der Stadt, wo die Armen wohnen, das Haus Chajims des Wasserträgers gezeigt wurde. Sie klopftern an die Tür. Eine Frau kam heraus und fragte nach ihrem Begehr. Als sie es erfahren hatte, verwunderte sie sich und sagte: »Wohl ist Chajim der Wasserträger mein Mann. Aber er kann nicht mit euch kommen; denn er hat gestern viel getrunken und schläft sich nun aus, und wenn ihr ihn auch weckt, wird er die Füße nicht zu heben vermögen.« Jene antworteten nur: »Der Rabbi hat es befohlen!« gingen hin und rüttelten ihn auf. Er sah sie aus blinzelnden Augen an, verstand nicht, wozu sie seiner bedurften, und wollte sich wieder zurechtlegen. Sie jedoch hoben ihn vom Lager, nahmen ihn in ihre Mitte und trugen ihn fast auf ihren Schultern zum Zaddik. Der ließ ihm einen Sitz in seiner Nähe geben, und als er stumm und verwirrt dasaß, beugte er sich zu ihm und sprach: »Rabbi Chajim, mein Herz, auf welches Geheimnis ging Euer Sinnen, als Ihr das Gesäuerte zusammensuchtet? Der Wasserträger sah ihn mit stumpfen Augen an, schüttelte den Kopf und antwortete: »Herr, ich habe mich umgesehen in allen Winkeln und habe es zusammengesucht.« Staunend fragte der Zaddik weiter: »Und welche Weihe hattet Ihr im Sinn, als Ihr das Gesäuerte verbranntet?« Er dachte nach, betrübte sich und sagte zögernd: »Herr, ich habe vergessen, es zu verbrennen. Und nun entsinne ich mich, es liegt noch auf dem Balken. »Als Rabbi Levi Jizchak dies hörte, ward er vollends unsicher; aber er fragte weiter: »Und das sagt mir nun, Rabbi Chajim: wie habt Ihr den Seder gehalten?« Da war es, als erwache jenem etwas in Aug und Gliedern, und sprach mit demütiger Stimme: »Rabbi, ich will Euch die Wahrheit sagen. Seht, ich habe von je gehört, daß es verboten ist, Branntwein zu trinken die acht Tage des Festes, und da trank ich gestern am Morgen, daß ich genug habe für acht Tage. Und da wurde ich müde und schlief ein. Dann weckte mich mein Weib, und es war Abend, und sie sagte mir: ‚Warum hältst du nicht den Seder wie alle Juden?' Sagte ich: ‚Was willst du von mir? Bin ich doch ein Unwissender, und mein Vater war ein Unwissender, und ich weiß nicht, was tun und was lassen. Aber sieh, das weiß ich: unsre Väter und unsre Mütter waren gefangen bei den Zigeunern, und wir haben einen Gott, der hat sie hinausgeführt in die Freiheit. Und sieh, nun sind wir wieder gefangen, und ich weiß es und sage dir, Gott wird auch uns in die Freiheit führen.‘ Und da sah ich den Tisch stehen, und das Tuch strahlte wie die Sonne, und standen darauf Schüsseln mit Mazzot und Eiern und anderen Speisen, und standen Flaschen mit rotem Wein, und da aß ich von den Mazzot mit den Eiern und trank vom Wein und gab meinem Weibe zu essen und zu trinken. Und dann kam die Freude über mich, und ich hob den Becher Gott entgegen und sagte: ‚Sieh, Gott, diesen Becher trink ich dir zu! Und du neige dich zu uns und mache uns frei!‘ So saßen wir und tranken und freuten uns vor Gott. Und dann war ich müde, legte mich hin und schlief ein.«

Martin Buber

64 strahlender Gott

Ich habe die Arme erhoben, die Augen weit geöffnet,
die Brust gereckt, den Mund zu einem Lächeln geöffnet,
die Stirn zum Himmel gerichtet.
Ich schaue, ich warte, ich lausche.
In den Adern ist nicht Blut.
Was dann? Freude!

Was willst du, strahlender Gott, für deine großzügigen Gaben?

Ich brauche keine Schwingen:
die Erde ist mir nicht schwer.
Ich stehe vor dir im Festgewand, in der Seide von Sonnenstrahlen, mit einem Regenbogen habe ich meine Hüften umgürtet,
ich atme den Wunsch des Gesangs.

So viele Wege, jeder ist anders,
weil die Freude unterschiedlich ist.

Ich glaube!

So viele neue Wahrheiten werden in mir geboren.
Es ist wahr, daß ich sehe. Es ist wahr, daß ich ein Herz habe.
Wahr ist, daß ich vor mich hinsinge, daß ich – schreie.

Was willst du, sag es, Gott, für deine großzügigen Gaben?
Für die Schneekristalle und die Seifenblasen,
für die Tiefe der Ewigkeit und des Himmels?

Janusz Korczak

Menschenbruder – Gottessohn

wir alle seien dein bild
sagt die bibel
dein bild und gleichnis
in jedem menschen
begegnest du uns
manchmal verzerrt
so verzerrt wie ich
dein bild in die welt trage

aber einen gibt es
du verborgener gott
der ist dein bild
dein ebenbild
dein spiegelbild
dein selbstbildnis
kein schöneres bild
hat es je von dir gegeben
in ihm schaust du uns an
in ihm der unser bruder geworden ist
ein mensch ohne fehl und tadel
ein mensch der mensch ist
der erstgeborene der schöpfung
dein sohn unser herr
jesus christus

65 seht - welch ein Mensch!

(zu Johannes 18, 28-19, 16)

Die Passionsgeschichte im Johannesevangelium ist wie ein großer Bogen aufgebaut. Am Höhepunkt steht das Bild eines Königs. Eines Königs, der angeklagt wird. Er muß wohl ein Übeltäter sein - sonst hätten sie ihn nicht vor Gericht gebracht; so sagen die Kläger. Dem Richter ist nicht wohl in seiner Rolle. Sollte dieser harmlos wirkende Mensch tatsächlich ein Aufrührer sein? »Bist du der König der Juden?«, so fragt Pilatus. Doch er kommt schlecht an mit seiner Frage: König der Juden? »Mein Königtum ist nicht von dieser Welt«, sagt der Angeklagte. Wer soll das verstehen? König oder nicht - Machtanspruch oder nicht - Herrschaft oder keine! Politisches Verhör will klare Fakten.

Der Angeklagte scheint nicht viel von diesem Tribunal zu halten. Er weist die Fragen seines Richters zurück. Und doch hält er an dem Begriff »Königtum« fest. Er ist ein König - aber ein König anderer Art - seine Leute kämpfen nicht für ihn - sie verhindern nicht seine Auslieferung. Aber: warum eigentlich kämpfen sie nicht für ihn? Kämpfen sie mit anderen Mitteln vielleicht, als denen der rohen Gewalt - wo sind sie überhaupt - wo sind sie geblieben?

Der Angeklagte lamentiert nicht über seine Isolierung - sie verunsichert ihn nicht - er scheint sehr gelassen und überzeugt von seiner Sendung. »Also bist du doch ein König«, diese Einsicht legt sich dem Richter nahe. Aber welch merkwürdiger Repräsentant seiner Art - nicht um Macht und Herrschaft auszuüben ist er König - sondern, »um für die Wahrheit Zeugnis zu geben«.

Das Interesse des Richters erlahmt: »Was ist Wahrheit!« - eine resignative Frage. Hat dieser Angeklagte - dieser legendenumwobene, faszinierende Wanderprediger - nicht mehr zu sagen? Einen Grund zur Verurteilung freilich, den findet der Vertreter des römischen Kaisers nicht. Also bietet er diesen Jesus dem Volk zur Paschafest-Amnestie an - eine günstige Lösung, so scheint ihm. Doch der schreiende Pöbel will seine Idolfigur - er will Barabbas, den Rebellen. Der Evangelist sagt voll Verachtung: ein Straßenräuber - der wird dem angeklagten König der Juden, dem König seines Volkes, vorgezogen.

Da gibt der Richter Pilatus – diese schwache Figur, nach. Soll dieser Jesus bestraft werden! Hat er das nicht verdient? Wer so ohne Respekt mit Roms Vertreter verfährt – wer sich auf solch zurückhaltende Weise nur auf das Gespräch einläßt – war nicht gar Ablehnung herauszuhören? – den muß die gerechte Bestrafung erreichen: Geißelung, wie üblich vor römischem Gericht.

Dann haben die Soldaten freie Bahn, ihren Spott zu treiben – ein König will der sein? Er braucht also eine Krone – eine Krone aus

Dornen - Dornen des Spotts - Dornen der Verachtung. Und einen Königsmantel soll er haben - der rote Soldatenmantel wird zum Mantel des Spotts - Verachtung der Römer gegenüber den Juden - dieser Judenkönig: ein sich günstig bietendes Objekt der Langeweile und Aggression.

Und sie schlugen ihn - schlugen ihm ins Gesicht - dem König, der schweigend erträgt, was Menschen ihm antun. Menschengesichter werden zu Masken, wenn Bosheit und Haß sie zeichnen - Menschen verlieren ihr Gesicht - sie führen nicht mehr Befehle aus, sie haben ihren Spaß gefunden am blutigen Geschäft. Und inmitten seiner Peiniger ein zu Tode geschundener König - einer, der seine Würde nicht verliert, obwohl er zum letzten Menschen gemacht wird. »Seht, welch ein Mensch«, sagt selbst sein Richter.

Und die Menge? Sie will sich nicht beeindrucken lassen - sie will nichts sehen. »Er muß sterben« - hinweg mit ihm - wir haben ein Gesetz - ein Gesetz, das ist die Hauptsache. *Gabriele Miller*

66 so sehr hat Gott die Welt geliebt

Wir preisen dich, heiliger Vater,
denn groß bist du,
und alle deine Werke
künden deine Weisheit und Liebe.

Den Menschen hast du
nach deinem Bild geschaffen
und ihm die Sorge für die ganze Welt anvertraut.
Über alle Geschöpfe sollte er herrschen
und allein dir, seinem Schöpfer, dienen.

Als er im Ungehorsam deine Freundschaft verlor
und der Macht des Todes verfiel,
hast du ihn dennoch nicht verlassen,
sondern voll Erbarmen allen geholfen,
dich zu suchen und zu finden.

Immer wieder hast du den Menschen
deinen Bund angeboten,
und sie durch die Propheten gelehrt,
das Heil zu erwarten.

So sehr hast du die Welt geliebt,
heiliger Vater,
daß du deinen eingeborenen Sohn
als Retter gesandt hast,
nachdem die Fülle der Zeiten gekommen war.

Er ist Mensch geworden
durch den Heiligen Geist,
geboren von der Jungfrau Maria.
Er hat wie wir als Mensch gelebt,
in allem uns gleich außer der Sünde.

Den Armen verkündete er
die Botschaft vom Heil,
den Gefangenen Freiheit,
den Trauernden Freude.

Um deinen Ratschluß zu erfüllen,
hat er sich dem Tod überliefert,
durch seine Auferstehung
den Tod bezwungen
und das Leben neu geschaffen.

Damit wir nicht mehr uns selber leben,
sondern ihm,
der für uns gestorben und auferstanden ist,
hat er von dir, Vater,
als erste Gabe für alle, die glauben,
den Heiligen Geist gesandt,
der das Werk deines Sohnes
auf Erden weiterführt
und alle Heiligung vollendet. *Viertes Hochgebet*

67 seine Geschichte erzählen

Eine Grundübung unserer Sprache, die in den unterschiedlichsten Situationen unseres Lebens eine Rolle spielt, ist das Erzählen. »Mutter, erzähl mir eine Geschichte!«, »Was ist geschehen? Erzähle!«, »Erzähle mir von dir!!. . .«

Warum ist das so wichtig? Was geschieht hier? Da ist einer, der erzählt, was er erlebt hat; er äußert sich, teilt sich mit, wird offen. Er sagt im Erzählen auch, wer er ist, wie er die Welt sieht, was für ihn bedeutsam ist. Er lädt den, der ihm zuhört, ein, an seiner Sicht der Welt, an seinen Erfahrungen, an seinem Leben teilzunehmen.

Erzählen aber setzt Zuhören voraus. Wie bedeutsam das ist, sagt unsere Sprache: »Ich achte auf dein Wort«, »er leiht mir sein Ohr«, »er hat mich angehört«, »er kann zuhören«. Dagegen: »Unterbrich mich nicht immer«, »er hat mir das Wort abgeschnitten«, »er stellt sich taub«, »laß mich bitte aussprechen«. Zuhören, auf den anderen hören, setzt Beziehung in Gang, macht vertraut, kann der Anfang von Freundschaft und Liebe sein. Erzählen setzt Anteilnahme und Interesse beim Zuhörer voraus oder weckt es. Erzählen verändert die Situation, ruft Zustimmung wach oder löst Widerspruch aus; Vorstellungen ändern sich, Beziehungen werden vertieft oder zerstört.

Eine besondere Form der Mitteilung ist die Geschichte. Geschichten werden in aller Welt erzählt, zu allen Zeiten, bei allen Völkern. Geschichten können kostbar sein. Manche Geschichten haben Weltbedeutung erlangt, kehren in je anderen Versionen immer wieder, werden umgesprochen, neuerzählt. Hier geschieht die Mitteilung auf recht einfache Weise. Der Erzählende reiht gleichsam »Bild« an »Bild«. Er läßt die handelnden Personen - ihre Beziehungen im Umfeld, in dem sie leben, ihr Reden und Tun, ihr Denken und Fühlen - »bildhaft« vor das innere Auge treten und gleichsam neu entstehen. Ohne diese »innere Anschauung«, ohne diese »Bilder« kann unsere Sprache nicht leben. Wissenschaftlich abstrakte Sprache ist vielen Menschen unverständlich. Aber Geschichten, die in besonderer Weise von »Bildern« leben, erreichen den Zuhörer. In den einfachen, »überschaubaren« Vorgängen kann er sich selbst und sein Leben wiederfinden. Noch einen wichtigen Vorteil haben Geschichten: Sie sind wie alle Bilder offen. Weil die Geschichten verschiedene »Schichten« des Geschehens, verschiedene Sehweisen, verschiedene Erlebnistiefen verdichtet in den Bildern zusammenfassen, können unterschiedliche Erlebnistiefen beim Hörer angesprochen werden, können verschiedene Hörer sich unterschiedlich darin wiederfinden.

Geschichten berichten von Freud und Leid, von Trauer und Angst, von Befreiung und Lebenslust, von Betroffenheit und Angerührtsein, sie erzählen vom Gelingen und Nichtgelingen des Lebens, sie spiegeln Höhen und Tiefen des menschlichen Lebens wieder und geben Kunde vom Suchen des Menschen nach Glück, Sinn und Heil.

Geschichten geben Anstöße, ähnliche Erfahrungen zu machen, schon gemachte Erfahrungen nicht zu verlieren oder sie neu zu sehen. Sie treffen auf Wünsche, Erwartungen, Sehnsüchte. So kann ich mich in den Geschichten wiederfinden, werde ich bestätigt oder in Frage gestellt. Sie können mich ermutigen und motivieren, meine bisherigen Erfahrungen, meine Welt und mich selbst in neuem, anderem Licht zu sehen.

Ist es verwunderlich, daß die Verkündigung Jesu, daß Verkündigung und Gottesdienst der Kirche nicht ohne »Geschichten« denkbar sind, daß immer wieder die »alten« Geschichten aus dem Alten und Neuen Testament, die doch stets aktuell und »neu« sind, erzählt werden?

Jesus hat stets Geschichten erzählt. Er hat so erzählt, daß die Hörer sich in den Geschichten unmittelbar wiederfanden, sich darin erkannten. So kann das geschehn, was für die Geschichten Jesu so charakteristisch ist: Der Hörer geht den Weg der Geschichte gleichsam mit und wird an eine neue Ausgangsposition geführt: Wo Fragen waren, zeigen sich Antworten, wo allzu sichere Antworten feststanden, sind neue Fragen, wo Mauern waren, öffnen sich Tore, wo Angst und Unsicherheit sich breitmachten, wird fester Halt spürbar. Der Mensch lernt die Welt, sich selbst und den anderen neu sehen, Zukunftsperspektiven zeigen sich, Kräfte im Menschen regen sich, Mut, Lebenswille, Tatendrang, Bereitschaft werden geweckt.

Die Geschichten Jesu fordern heraus. Wer wirklich zuhört, wird verändert, muß sich verändern lassen, muß sich entscheiden. Auch wer vergessen will, wer die gute Nachricht, das Angebot und die Herausforderung verdrängt, geht nicht davon, wie er vorher war.

»Denn wie Regen und Schnee vom Himmel kommen und nicht mehr dorthin zurückkehren, ohne daß sie die Erde tränken, sie sprießen und keimen lassen und Saat geben dem Sämann und dem Essenden Brot, so steht es auch mit meinem Wort, das von meinem Mund ausgeht. Es kehrt nicht erfolglos zu mir zurück, ohne daß es vollbracht, was ich wollte, und durchgeführt, wozu ich es sandte« (Jes 55, 10-11). Die vielen Begegnungs- und Berufungsgeschichten des Neuen Testaments sind dafür ein deutliches Zeugnis.

Ist damit schon alles gesagt? In den Erzählsituationen Jesu geschieht mehr. Jesus erzählt mit großer Entschiedenheit von menschlichen Erfahrungen, er, der ganz Mensch ist, erzählt von seinen »Erfahrungen mit Gott«, seinem Vater, von dem er ausgegangen ist, mit dem er sich eins weiß (vgl. Joh 14). Er ist das unüberbietbare, endgültige Wort Gottes. Seine Geschichten weisen immer über ihn hinaus. Es ist letztlich der Vater, der durch ihn spricht.

Die Geschichten, die Jesus erzählt, sind untrennbar mit seiner Geschichte, mit seinem Leben, mit ihm selber verbunden. Wortverkündigung und Tatverkündigung Jesu und seine Person sind eine Einheit.

Was er verkündigt, geschieht, und was er tut, ist die neue Wirklichkeit des Reiches Gottes. Wer sich von diesem Jesus ansprechen läßt, lernt Gott, seinen und unseren Vater kennen. Seine liebende Zuwendung, sein Angebot und sein Anspruch werden hörbar und erfahrbar. Im Erzählen kommt Gott nahe. Erzählen schafft Nähe – Gegenwart.

In der Osterbotschaft erfahren wir, daß Gott diesen Jesus nicht im Tode gelassen hat. Die gute Nachricht seiner Geschichten und seiner Geschichte werden in der Auferstehung bestätigt, werden an ihm und für uns Wirklichkeit. Die Zukunftsperspektiven werden Gegenwart. Die Zeugen dieser Erfahrung werden zu Erzählenden. Der »Erzählende«, (verkündigende) Jesus, wird zum »Erzählten« (Verkündigten). Unübertroffen ist dieser Umschlag in der Geschichte der Emmausjünger erzählt (Lk 24, 13-35): »Sie sprachen miteinander über all das, was sich ereignet hatte. Während sie redeten und ihre Gedanken austauschten, kam Jesus hinzu und ging mit ihnen ... Und er legte ihnen dar, ausgehend von Mose und allen Propheten, was in der gesamten Schrift über ihn geschrieben steht ... Und als er mit ihnen bei Tisch war, nahm er das Brot, sprach den Lobpreis, brach das Brot und gab es ihnen. Da gingen ihnen die Augen auf und sie erkannten ihn ... Und sie sagten zueinander: Brannte uns nicht das Herz in der Brust, als er unterwegs mit uns redete und uns den Sinn der Schrift erschloß? Noch in der selben Stunde brachen sie auf ...

Da erzählten auch sie, was sie unterwegs erlebt hatten und wie sie ihn erkannt hatten, als er das Brot brach.«

In der Ostererfahrung der jungen Kirche ist uns ein für allemal eine neue Erzählsituation geschenkt. Wo immer Gemeinde zusammenkommt, wo ausgehend von Mose und den Propheten erschlossen wird, was von IHM zu sagen ist, da können wir IHN erkennen, da gewährt ER uns seine Nähe – seine Gegenwart.

In der Liturgie-Konstitution des Konzils heißt es: »Gegenwärtig ist er in seinem Wort, da er spricht, wenn die heiligen Schriften in der Kirche gelesen werden« (I, 7).

Durch die Verkündigung des Ereignisses werden wir angestoßen, uns auf den Weg zu machen, um IHM zu begegnen.

Wer Zuhören gelernt hat, wer bereit ist, mit Interesse bei IHM zu sein, lernt dabei, IHN und sich selbst besser kennen. Er lernt aber auch, so auf IHN zu achten, daß er sich einladen läßt in SEINER Nachfolge zu leben.

Bernhard Book/Maria Klinke/ Manfred Siebenkotten

68 Mensch geworden

Einer der Farbholzschnitte von *Thomas Zacharias*, einem zeitgenössischen Münchner Künstler, trägt den Titel »Inkarnation.«

Das Auge des Betrachters wird von einem hellen Punkt, der das Zentrum des Bildes ausmacht, geradezu angezogen. Der Titel des Bildes gibt diesem Punkt seine Bedeutung: Hier ereignet sich »Inkarnation«, Hineingeborenwerden, Konkretwerden, zum Leben kommen. In der Sprache der Theologen heißt »Inkarnation« Menschwerdung, heißt Eingehen der göttlichen Wirklichkeit in diese Zeit. Das bedeutet das Entstehen einer neuen Qualität, die in diese Zeit hineinwirkt. Dies wird im Bild auf sprechende Weise deutlich. Man spürt: von diesem Punkt geht etwas aus, was das ganze Bild bestimmt. Von diesem Punkt geht eine Kraft aus. Bei genauem Hinschauen entdeckt man, daß der Punkt diese Kraft nicht aus sich selbst heraus entwickelt; sie wird ihm sozusagen von außen, von oben, gegeben: Ein breiter Strahl bricht von oben in das Bild ein, wird von der dort herrschenden Dunkelheit fast aufgenommen, bricht aber dann in diesem Punkt durch die Finsternis durch, bricht sie auf.

Jahr für Jahr feiern wir Advent. Wir leben auf die Feier des Ereignisses zu, das der Künstler im Bild dargestellt hat. Beim Propheten Jesaja lesen wir das Wort: »Das Volk, das in Finsternis wandelt, erschaut ein gewaltiges Licht. Über den Bewohnern eines finsteren Landes strahlt ein Lichtglanz hell auf« (Jes 9, 1-2).

Diese Sätze mögen den Künstler bei seinem Bild beeinflußt haben. Können wir heute eine solche Aussage verstehen? Wir leben in einer Welt, die auf den ersten Blick alles andere als dunkel ist. Die dunklen violett-schwarzen Farben des Bildes muten uns fremd an; gerade im Advent sind unsere Straßen und Plätze durch viele Lichter erhellt. Wer braucht hier zusätzliches Licht? Im Gegenteil, die Kombination von Licht und Dunkelheit hat etwas Gemütliches an sich. Man will es so, man braucht keine Erleuchtung von außen. Vielleicht liegt aber gerade darin ein Ansatz zum Verständnis des Bildes. Das »Licht« unserer Welt erhellt eine Finsternis, zu deren Erleuchtung ein ganz anderes Licht notwendig wäre. Der gemütliche Kerzenschimmer der Advents- und Weihnachtszeit kann vieles zudecken, er kann unsere Welt aber nicht anders machen. Vielleicht schafft er es, daß Menschen am Weihnachtsabend versöhnlich sind, daß an die gedacht wird, die auf der Schattenseite des Lebens stehen. Aber nach wenigen Tagen ist wieder alles beim alten.

Geht es uns mit dem Ereignis dessen, was mit »Inkarnation« gemeint ist, anders? Können wir verstehen, was das Eingehen Gottes in unsere Wirklichkeit für uns bedeutet? Haben wir dieses Ereignis begriffen – nicht rational, sondern existentiell? Zeigt unser Christsein etwas von diesem »Licht« ganz neuer Qualität, das durch die Menschwerdung in unsere Welt gekommen ist? Sind wir als Christen in dieser Welt so etwas wie ein leuchtender Punkt, von dem aus diese Welt beeinflußt, geprägt wird?

Winfried Engel

69 was wäre gewesen?

Josef – das heißt:
– *Jahwe* – möge vermehren.
Wen oder was vermehren?
Die Zahl der Kinder Jakobs.
Das wird ausgesagt – nur das,
wenn wir den Namen Josef hören.
Bürde, Verantwortung.
Angelastet dem alttestamentarischen Josef,
dem ägyptischen,
der im Schacht der Zisterne bangte
und im Gefängnis des Pharao schmachtete,
weil er einem Weibe nicht hörig
sein wollte.
Erst dann konnte er
Bruder den Brüdern sein.

Aber da gab's auch diesen Zimmermann,
Handwerker in Nazaret,
dem nicht gestattet war,
das zu tun, was ein Mann,
ein verheirateter Mann,
wohlgemerkt,
tun soll und tun darf:
Söhne zeugen oder Töchter
für das Volk Gottes!

Er blieb Stellvertreter!
Mann zweiter Wahl.
Hintergrundfigur.
Ausersehen, Sorge zu tragen
für den, der da
MENSCH geworden war:
den Gesandten,
den Propheten,
den Heiler,
den Berufenen,
den Gekreuzigten,
den Auferstandenen!
Letzteres hat Josef
wohl nicht mehr erlebt.

Ich frage mich oft,
wie er die Düsternis
des Zurückgenommenseins ertrug.
Schweigen umgab ihn,
Geduld, Behutsamkeit.
Noch heute: Demut!

Was mögen wohl all jene empfinden,
die seinen Namen tragen?
Sind auch sie gerufen, still zu sein?
Oder gab Gott das Wort für sie
wieder frei?

Falls ja,
dann wohl nur,
um sie zu erinnern,
daß Jesus nach wie vor
Erster,
Einziger,
Großer,
Gewaltiger ist.

Fehlinterpretation?
Vielleicht ja, vielleicht nein.
JESUS:
Sohn im Schweigen.
Bruder im Zuhören.
Mann im Erdulden.
Vater im Zuneigen.
Ohne Josef?
Was wäre gewesen?
Maria ohne des Josef Glauben?

Ich lasse die Fragen offen.
Für die Josefs dieser Welt.
Für mich. Für uns.

Alfred Müller-Felsenburg

70 Weihnachten ist mehr . . .

Es war kurz vor Weihnachten 1964. In München gab es Plakate, welche die Obdachlosen der Stadt zu einer Weihnachtsfeier einluden.

Diese Feier der Obdachlosen und Ärmsten zog mich an. Die Weihnachtsfeiern der Satten kannte ich. Sollte die Weihnachtsfeier der Hungrigen und Armen einen besseren Zugang finden zu dem, was Weihnachten ist, als die Feiern der Menschen, die bereits knietief im Wohlstand waren?

Ich suchte den »Bunkerpfarrer« *Adolf Mathes*, Stadtpfarrprediger von Mariahilf in München, den ich kennengelernt hatte. Die Not der Nachkriegsjahre hatte ihn zum »Bunkerpfarrer« gemacht. Die nach dem Krieg freistehenden Bunker hat er dazu verwendet, um Menschen Obdach zu geben. Später gründete er das Obdachlosenasyl von München, Werkstätten, ja ein ganzes Dorf, um Obdachlosen und Gestrandeten in das Leben zurückzuhelfen. Nun hatte er in eine der großen Bierhallen von München alle Obdachlosen zu einer Weihnachtsfeier eingeladen. Ich fragte ihn, ob ich an dieser Feier teilnehmen dürfe. Er antwortete: »Als Student und Priester nicht, als Bettelstudent ja!« Ich nahm ihn beim Wort. Ein alter Schal und abgetragene Kleider sollten den Unterschied zwischen mir und den anderen Eingeladenen verwischen. Nur überlegte ich noch, ob es niemand gäbe, der mit mir kommen würde; so ganz allein in einer so fremden Runde...

Da gab es einen bescheidenen jungen Mitbruder, der damals in München Kirchenrecht studierte, mit Namen *Oskar Saier*. Diesen – inzwischen als Bischof bekannt gewordenen Mitbruder – fragte ich ums Mitkommen. Er stimmte freudig zu.

Seine Verkleidung bestand im wesentlichen darin, daß er seine starke Brille abnahm. Mit Spannung wanderten wir zum Ort der Feier. Ob es uns gelingen würde, nicht aufzufallen, keine Rolle zu spielen, einer von ihnen zu sein?

Die Überraschung war groß. Obwohl wir vor der Zeit da waren, war der Saal schon ziemlich voll. Etwa vierhundert Menschen jeden Alters und mit jedweder Not. Ein altes, gebrechliches Mütterchen sehe ich noch vor Augen. Viele junge Menschen ohne Heim, ohne Bindung. Lärm und Rauch. Wir suchten zwei freie Plätze und fanden sie bald, nicht weit voneinander. Niemand drehte sich nach uns um. Keiner stellte uns lästige Fragen. – Wir fanden uns in unserer Umgebung zurecht. Mit der Versammlung erlebten wir das, was eine Weihnachtsfeier in großer Runde bieten kann: Weihnachtslieder, besinnliche Worte über den, der in die Not dieser Welt kommt; Dichterworte, von Dichtern vorgetragen; schließlich ein kräftiges Essen.

Was diese Einsamen und Armen an diesem Abend gefunden haben, kann ich nicht sagen. Zu viele waren es, zu vielfältig die Not, zu vage die Eindrücke. Genaueres kann ich nur über einige erzählen, die in meiner Nähe saßen, deren Worte und Tun ich gut in Erinnerung habe.

Da war ein Mann mittleren Alters, der mir lange erzählte, wie er Weihnachten in der Vergangenheit gefeiert habe. Mit etwas Mühe brachte er es fertig, die letzten 25 Jahre aufzuzählen. Seine Erinnerung reichte zurück bis in die Kinderjahre; man hatte den Eindruck, daß sein ganzes Weihnachtserleben von dort ausging: Geborgenheit wurde in seiner Erzählung wach, vermischt mit der Not seiner Gegenwart. Mir wurde deutlich, er war gekommen, um sich zu erinnern, er hatte jemanden gefunden, dem er diese Erinnerungen erzählen durfte. Wie wohl tat ihm das, Weihnachten war für ihn ein Fest der Erinnerung.

Rechts von mir saß ein junger Mensch, unter zwanzig, freundlich, gesprächig, kontaktfähig. Unter seinem Sessel hatte er einen verschmutzten, ehemals weißen Leinensack verstaut. Was ich mit ihm geredet habe, weiß ich nicht mehr. Nur eines ist mir geblieben: plötzlich wollte er mich beschenken. Ob es Dankbarkeit fürs Ernst-Nehmen war? Jedenfalls hatte er begonnen, in seinem schmutzigen Sack zu kramen. In mir regte sich Abwehr. Nach einigem Suchen zog er langsam einen großen, schönen, auf Hochglanz gebrachten dunkelroten Apfel hervor. »Den muascht nemma, den muascht essa!« wiederholte er. Ich reagierte verwirrt, stammelte Worte, wie Satt-Sein; andererseits aber strahlte er soviel Freude aus, daß ich annehmen mußte. Selten habe ich ein Geschenk so verlegen, aber auch so ergriffen angenommen. Von einem Armen, der mit so viele Freude, mit so strahlendem Gesicht schenkte. Ich begann zu begreifen, daß Weihnachten für ihn ein Fest des Schenkens ist, ein Fest des Gut-sein-Wollens.

Schließlich erinnere ich mich noch an einen anderen Tischgenossen, der eigentlich sehr wortkarg war. Er hörte sich die Lieder an, hörte die Worte mit besinnlichem Nachdenken, aß, was es gab, brummte aber immer wieder Unverständliches dazwischen. »Schmeckt's?« fragte ich ihn. Er sagte nichts. Er saß still da, zu still für meine Begriffe. Mehrmals versuchte ich ihn anzusprechen – ohne Ergebnis. Der Abend war schon vorgerückt. Ich hatte den Eindruck, daß der Mann bald aufbrechen werde. Was der wohl von dem Abend denken würde, fragte ich mich. Rauch und Lärm wirkten nicht besinnlich. Und zudem die eigene Last, die oft weit in die Vergangenheit zurückreichte. Hatte er keine Erinnerungen? Empfand er diesen Abend nicht wenigstens als Zeichen der Gemeinschaft, der Güte? Er rückte seinen Stuhl etwas seitwärts, damit er leichter hinauskäme. Vorher neigte er sich noch zu mir her und sagte: »Weihnachten ist für mich mehr als Braten, Lieder, Worte; Weihnachten ist für mich mehr.« Dann stand er auf und ging vornübergebeugt dem Ausgang zu.

Inzwischen sind Jahrzehnte vergangen. Viele Weihnachtsfeste sind ins Land gezogen. Über die Begegnung von damals habe ich oft nachgedacht. Weihnachten als Fest der Erinnerung, Weihnachten als Fest des Schenkens. Weihnachten als Fest, das »mehr« ist als das alles. *Alfred Frenes*

71 ein wunderbarer Tausch

In Wahrheit ist es würdig und recht, dir, allmächtiger Vater, zu danken und dein Erbarmen zu rühmen durch unseren Herrn Jesus Christus. Durch ihn schaffst du den Menschen neu und schenkst ihm ewige Ehre. Denn einen wunderbaren Tausch hast du vollzogen: dein göttliches Wort wurde ein sterblicher Mensch, und wir sterbliche Menschen empfangen in Christus dein göttliches Leben. Darum preisen wir dich mit allen Chören der Engel und singen vereint mit ihnen das Lob deiner Herrlichkeit. *3. Präfation von Weihnachten*

72 zur Mensch-Werdung Gottes

Litzenburgers Bild zeigt den Gekreuzigten. Es ist eine ausgemergelte, tote, fast gespenstisch anmutende Gestalt. Die Gliedmaßen hängen schlaff nach unten. Der Kopf ist kahl wie ein Totenschädel. Die Gesichtszüge sind ausgelöscht, die Augenhöhle leer und dunkel. Aus der Seitenwunde fließt Blut.

Und doch nennt *Litzenburger* dieses Bild »Schutzmantelchristus«. Er gibt ihm den Namen Christus, des Messias, den

Namen, mit dem das jüdische Volk den Inbegriff seiner Verheißung, den Inbegriff seiner Sehnsucht nach Glück, nach Frieden, nach Vollkommenheit, verband.

Wie ist das möglich? Kann Vollkommenes, Göttliches in der Gestalt eines zu Tode gefolterten Menschen sichtbar werden? Sind es nicht ganz andere Wirklichkeiten gewesen, die im Laufe der Religionsgeschichte zur Gottesoffenbarung geworden sind? War es nicht die Sonne, die am Morgen aufstrahlt und den Menschen Licht und Wärme schenkt? War es nicht der hoch aufragende Baum, der mit seinem Blätterdach und seinen weiten Ästen den Menschen beschützt, ihm Schatten und Bergung spendet? War es nicht die lichtvolle Gestalt eines Menschen, eines Königs, der die Stufen des Palastes herabschreitet, sich auf den Richterthron setzt, um in Gerechtigkeit über Leben und Tod der Menschen zu richten?

Doch bei diesen Gottessymbolen muß man stets unterscheiden, abstrahieren: Das, was Gott ist, ist nicht die Sonne, ist nicht der Baum, ist nicht der König. Diese sinnlich gegebenen Wirklichkeiten sind nur Chiffre, durch die das Göttliche hindurchscheint; Festlegung ist Götzendienst, der Menschsein und Menschwerdung verhindert.

Wenn es einem Menschen jemals gelänge, in der Gestalt des Gerechten, der unschuldig zu Tode gefoltert, in Treue zu sich selbst und zu seinem Gott und aus Liebe zu Menschen leidend am Galgen hängt - wenn es gelänge, in ihm, in diesem unschuldig Getöteten, das Göttliche aufgehen zu sehen, dann brauchten wir nicht mehr zu abstrahieren, dann wäre da keine vorgegebene Wirklichkeit mehr, die für sich stehen und sich vor das eigentlich Göttliche stellen, es dadurch verdunkeln und verfälschen könnte. Kein Götzendienst wäre mehr möglich. Gott wäre ganz mit diesem Menschen eins geworden. Die Menschen hätten Gott bleibend unter sich und könnten endlich zu Menschen werden.

Aber kann ich Gott im Gekreuzigten sehen? Das ist für eine erfahrungsorientierte Vermittlung die theologisch entscheidende Frage. *Litzenburger* hat ihn gesehen. Er hat mit jenen Augen auf ihn hingesehen, die *Exupéry* »Augen des Herzens« nennt und von denen er sagt, daß sie allein gut sehen. Mit diesen Augen sehen, heißt glauben. Glaubend sieht Litzenburger im Gekreuzigten eine väterlich-mütterlich bergende Gestalt: Sie neigt sich herab zu den kleinen Menschen, die Arme beschützend ausgebreitet; das Blut, das aus der Seitenwunde fließt, ist Nahrung, stärkender Wein. Die kleinen Menschen richten ihre Gesichter nach vorne. Sie sind frei; nicht eingeschlossen und umklammert von den Mutterarmen. Sie versammeln sich zum Aufbruch. Der tröstend lebendige Gekreuzigte sendet sie hinaus in alle Welt; er gibt ihnen den Auftrag, an alle Menschen die unendliche Zuwendung weiterzugeben, damit diese sie zum Menschsein befreie.

Litzenburger sieht im Gekreuzigten den jenseits der Todesgrenze Lebendigen: den Auferstandenen, und diesen als »abba«, als gütigen Vater, als lebenspendende Mutter, und als »*pneuma*«, als stärkenden göttlichen Lebensatem, der die Menschwerdung Gottes und des Menschen bewirkt. Er sieht den dreifaltigen Gott. Er sieht, was der zweifelnde Thomas sah, als er, hingewiesen auf die Wunden des Gekreuzigten, niederfiel und sagte: »Mein Herr und mein Gott« *(Joh 20, 28)*. Vielleicht könnte auch der zweifelnde und orientierungslos gewordene Mensch der Neuzeit diesen Gott sehen und daran zum Menschen werden. *Georg Baudler*

73 Freude an Gott – Sorge für die Welt

Summa: Der christliche Glaube ist diejenige menschliche Einstellung zu Gott, in der sich der Mensch darauf verläßt, daß Gott Mensch geworden ist und bleibt, damit der Mensch menschlich sein und immer menschlicher werden kann. Kürzer: das Wesen des christlichen Glaubens ist die rechte Unterscheidung zwischen Gott und Mensch, nämlich zwischen einem menschlichen Gott und einem immer menschlicher werdenden Menschen. Und man muß hinzufügen, daß der christliche Glaube über diese Unterscheidung von Gott und Mensch froh ist, weil es dem Menschen und seiner Welt wohltut, daß der Mensch kein Gott ist und sein wollen muß. – Insofern kann man noch kürzer sagen: das Wesen des christlichen Glaubens ist Freude an Gott und deshalb Sorge für eine menschlichere Welt. *Eberhard Jüngel*

74 dem Sünder verbunden

(zu Lukas 19, 1-10)

»Ich bin über 60 und habe manchen Sturm erlebt. Als Zehnjähriger habe ich gehungert. Sie wissen: Weltwirtschaftskrise. Mit 20 bin ich durch Frankreich marschiert mit dem Karabiner in der Hand. Mein Herz hat mehr als einmal geflattert, wenn die Hölle los war. Durch alle Höhen und Tiefen bin ich heil durchgekommen. Ich bin durchgekommen, weil mein Glaube mich gehalten und getragen hat. Darum habe ich mir nichts mehr gewünscht, als meine Kinder auf den Weg des Glaubens mitzunehmen. Mein Ältester hat sich auch ein Stück mitnehmen lassen. Das ist vorbei. Schon Jahre mühe ich mich, ihn zurückzuholen. Verlorene Mühe.« – Mancher Vater, manche Mutter könnte ähnliches sagen. Die gewünschte Umkehr findet nicht statt.

Wie viele solcher Situationen erlebst du! Du willst einen Freund von seinen betrügerischen Geschäften abbringen. Du willst unter deinen Geschwistern, die im Streit leben, Frieden stiften. Vergebliche Mühe. Die gewünschte Umkehr findet nicht statt. Wer das erlebt, könnte Jesus beneiden. Ihm gelingt es, die Menschen im Handumdrehen umzukrempeln. Etwa Zachäus, wie uns das heutige Evangelium vorführt. Warum gelingt es Jesus? Warum gelingt es mir nicht? Vielleicht kann uns eine *Geschichte der Chassidim* weiterhelfen, die der Vorbeter einer polnischen Synagoge erzählt.

»Als ich hörte, wie Rabbi Sussja den Menschen hilft, die Umkehr zu vollziehen, entschloß ich mich, zu ihm zu fahren. Kaum in Hanipol angekommen, fragte ich nach ihm. Seine Ehefrau wies mich ins Lehrhaus. Schon in dessen Tür tretend, sah ich den Rabbi. Er sprach den Psalm: ‚Wenn ich rufe, antworte mir!' Er sprach ihn mit mächtigem Weinen, dessengleichen ich nie gesehen und gehört hatte. Da merkte ich, am Boden lag ein Mensch, der stöhnte vor sich hin. Plötzlich schrie er: ‚Ich bin ein Sünder.' ... Der Mann, ein Schulgehilfe, war von den Leuten seines Städtchens gedrängt worden, zu Rabbi Sussja zu fahren und von ihm Buße zu empfangen. Als er aber vor dem Rabbi stand, weigerte er sich, Buße zu tun. Und nun ... Aber was nun kam, hat mir der Rabbi selber erzählt. ‚Was hat Sussja getan?' sagte er zu mir. ‚Ich bin von allen Stufen hinabgestiegen, bis ich ganz bei ihm war, und habe die Wurzel meiner Seele an die Wurzel seiner Seele gebunden. Da mußte er denn, zusammen mit mir, Buße tun.' Und wahrhaftig, es war eine große und fruchtbare Buße.«

Diese Geschichte kann uns helfen, die Umkehrgeschichten der Heiligen Schrift besser zu verstehen; sie kann uns helfen, den besser zu verstehen, der die Umkehr veranlaßt und bewirkt. »Ich bin von allen Stufen hinabgestiegen, bis ich ganz bei ihm war«, sagte Rabbi Sussja. Hinabsteigen! Die Apostel Johannes und Paulus verwenden auch dieses Wort. Mit ihm beschreiben sie den Weg Jesu. »Niemand ist in den Himmel aufgestiegen« (Joh 3,

13). – »Derselbe, der herabstieg, ist auch hinaufgestiegen bis zum höchsten Himmel« (Eph 4, 10).

Auch Bergsteiger und Astronauten steigen auf und steigen ab. Ihr Weg läßt sich in Metern abmessen. Der Weg Jesu nicht. Er steigt herab, bis er bei den Menschen ist. Er steigt herab bis an die Wurzel ihres Herzens, wo das geheime Bedürfen und Sehnen des Menschen nistet. Jesus kennt es, weil er so tief hinabsteigt. Er kennt das Bedürfen des Zachäus, mehr zu sein als der habgierige, betrügerische Zöllner. Er kennt das Bedürfen der Maria von Magdala, mehr zu sein als eine stadtbekannte Dirne. Er kennt das Bedürfen des Schächers am Kreuz, mehr zu sein als ein todeswürdiger Verbrecher. Kurz: Er ist bis an die Wurzel der Seele dem Sünder verbunden. Vor dem Sünder geht er nicht auf Distanz. Darum empfangen Sünder von ihm die Umkehr.

Zwischen dem Gleichnis vom Pharisäer und Zöllner und der Zachäusgeschichte überliefert Lukas das Jesuswort: »Wer das Reich Gottes nicht annimmt, als wäre er ein Kind, wird nicht hineinkommen.«

Was ist denn an einem unverbogenen Kind so vorbildhaft? Da sind Erwachsene beisammen. Unter ihnen trollt sich ein zweijähriges Kind. Plötzlich ergibt sich eine komische Situation. Die Erwachsenen brechen in helles Gelächter aus. Das Zweijährige erfaßt die Komik nicht. Trotzdem lacht es lauthals mit. Dieses Beispiel und ähnliche lassen den Schluß zu: Das Kind ist allem verbrüdert und verschwistert; Kind-sein ist Mit-sein.

Wenn ein Erwachsener nicht mehr in diesem Sinn Kind ist, sagt er: »Bin ich denn der Hüter meines Bruders?« Oder: »Gott, ich danke dir, daß ich nicht bin wie dieser Zöllner da.« Er geht auf Distanz, er gibt das Mitsein auf, er schaut über die Schulter auf andere herab.

Wer andere berühren und bewegen will, muß ihnen bis an die Wurzel der Seele verbunden sein. *Josef Groß*

75 um Gottes willen

Vom Gedicht hat *Paul Celan* einmal gesagt, es sei unterwegs wie eine Flaschenpost, aufgegeben in dem Glauben, sie könne irgendwo und irgendwann an Land gespült werden, an Herzland vielleicht.

Von Geschichten läßt sich gleiches sagen. Auch sie sind geschrieben, um anzukommen. Sie reden über Gott und die Welt und verwickeln, wen sie erreichen, in ein Zwiegespräch, stellen Fragen und in Frage, provozieren Zustimmung oder Widerspruch.

Der *heilige Franziskus*, so wird zum Beispiel erzählt, hatte, um eine zerfallene Kirche zu restaurieren, durch den Verkauf von kostbaren Tuchen aus dem Besitz seines Vaters diesen um eine nicht unerhebliche Geldsumme gebracht. Als der Vater erkannte, daß er seine Regreßansprüche gegen den Sohn weder mit guten Worten noch über eine Klage bei den städtischen Behörden durchzusetzen vermochte, wandte er sich an den Bischof von Assisi. Der ließ daraufhin Franziskus vor sein Tribunal bestellen und sprach zu ihm: »Dein Vater ist auf äußerste gegen dich aufgebracht. Willst du also gottesdienstlich handeln, so gib ihm das Geld, das du hast, unverzüglich heraus. Hat er einmal das Geld, dann wird sich sein Zorn schon besänftigen.« Da sprach Franziskus: »Herr, nicht nur das Geld, das ihm gehört, will ich ihm wiedergeben, sondern auch die Kleider.« Und er entkleidete sich, bis er vollkommen nackt dastand, warf Kleider und Geld dem Vater vor die Füße und sprach: »Hört ihr alle und versteht es wohl. Bis jetzt habe ich den Pietro Bernadone meinen Vater genannt. Jetzt gebe ich ihm das Geld zurück, um das er sich aufgeregt hat, nebst aller Kleidung, die ich von ihm habe. Und von nun an will ich sagen: Vater unser im Himmel, und nicht mehr: Vater Pietro Bernadone.« Und während der Vater schmerzerfüllt und zornig seinen Besitz an sich nahm, schloß der Bischof, wie die Geschichte zu vermelden weiß, den Sohn mit Bewunderung in seine Arme und hängte ihm seinen Mantel um.

Was so erzählt wird, ist ein Stück Lebensbeschreibung und mehr. Es ist eine Legende, die in einer Momentaufnahme verdichtet, wer dieser Mann aus Assisi war und was (sein) Christsein ausmacht. Da stellt jemand sich selbst und seinen Nächsten bloß, radikal und rücksichtslos; bricht mit seiner Vergangenheit und setzt einen neuen Anfang. Tut dies alles um Gottes willen, mit Zustimmung und unter dem Deckmantel höchster kirchlicher Autorität, die Partei nimmt für den Aussteiger und gegen die Spielregeln und Moralvorstellungen der geltenden Gesellschaftsordnung.

Die Legende vom Heiligen aus Assisi läßt den »Fall« *Martin Luther* assoziieren, dessen reformatorischer Durchbruch in der

Geschichte Europas und der Kirche ebenso tiefe und weitreichende, doch ungleich schmerzlichere Spuren hinterlassen hat. Drei Jahrhunderte nach Franziskus rang sich der Augustiner-Mönch und Professor der Bibelwissenschaft aus Wittenberg zu der Gewissensentscheidung durch, seine theologische Einsicht unter Berufung auf namhafte Glaubenszeugen der Kirche gegen andersgeartete Ansprüche der Institution zu behaupten und dem Heiligen Vater den geforderten Gehorsam zu verweigern.

Die eine wie die andere Geschichte ist Nachfolge-Geschichte. Sie sind nicht verständlich ohne die Geschichte des Jesus von Nazaret, die ihnen ihr Maß setzte. Eine einzige Szene verdichtet, wer er war und wem er zugerechnet wurde. Als er zwölf Jahre alt geworden war, so erzählt man (vgl. Lk 2, 41-52), zog Jesus mit seinen Eltern, wie es Brauch war, zum Paschafest nach Jerusalem und blieb, als die Festtage zu Ende waren, dort zurück, während seine Eltern, die ihn irgendwo in der Pilgergruppe bei Verwandten und Bekannten vermuteten, sich auf den Heimweg machten.

Als sie seine Abwesenheit am Abend bemerkten, kehrten sie nach Jerusalem zurück und fanden ihn nach drei Tagen im Tempel. Er saß mitten unter den Lehrern, hörte ihnen zu und stellte Fragen. Alle, die ihn hörten, waren erstaunt über sein Verständnis und über seine Antworten. Seine Eltern aber waren sehr betroffen, als sie ihn sahen, und seine Mutter sagte: »Kind, wie konntest du uns das antun? Dein Vater und ich haben dich voll Angst gesucht.« Und Jesus antwortete ihnen: »Warum? Wußtet ihr nicht, daß ich in dem sein muß, was meinem Vater gehört?« Was hier erzählt wird, nimmt vorweg, wovon in anderen Geschichten berichtet wird: Die eigene Familie wurde am Nazarener irre (vgl. Mk 3, 21); er wurde zum Stein des Anstoßes, der den Sohn mit dem Vater, die Tochter mit der Mutter und die Schwiegertochter mit der Schwiegermutter entzweit und dem die Hausgenossem zum Feind werden (vgl. Mt 10, 34-37).

Geschichten werden geschrieben, um anzukommen. Sie wollen gelesen und gehört, weitererzählt und an-probiert werden. Und wenn morgen die erzählten Geschichten selbst-erlebte Geschichte würden, würden sie mir passen? Wenn die Legenden sich zur Erfahrung am eigenen Leibe wieder verflüssigten, wüßte ich dann, wohin ich gehörte und welche Rolle ich zu spielen hätte? Und wenn morgen meine Kinder diese Geschichten ausprobieren würden, hätte ich dafür Verständnis und gewährte ihnen Schutz oder nötigte ich sie, sich bloßzustellen?

Geschichten sind wie eine Flaschenpost. Manchmal habe ich das Gefühl, sie könnten bei mir landen, ich läse sie par coeur und dürfte sie weitererzählen. Wenigstens in der Theorie.

Theodor Eggers

76 betend die Welt verändern

(zu Matthäus 6, 5–15)

Bevor Jesus seine Jünger das VATERUNSER lehrt, ihnen sein Gebet gibt, beseitigt er einige Mißverständnisse. Jesus kennt den Mißbrauch und lehrt den richtigen Gebrauch. Nicht die Frömmigkeitsschau und nicht der Wortschwall tun es - keine Bedarfsanzeige - kein Wunschzettel - keine Informationsveranstaltung - euer Vater weiß! Gott weiß, was wir nötig haben.

Die Gabe geht der Bitte voraus. So nimmt Jesus seine Jünger, uns, an die Hand, öffnet die Tür: Da ist euer Vater.

Wer zu Gott Vater sagt, der meint keine blinde Himmelsmacht, keinen zürnenden Gott, sonden den nahen Gott. Er meint ein Gegenüber. Er stellt sich in die Reihe der Brüder. Er will nicht Vaterfigur sein, sondern Freund unter Freunden, Empfangender, nicht Gebender.

Wer Vater sagt, tritt mit Gott in Beziehung, mit dem Gott, der in Jesus uns seine Hand entgegenstreckt, uns Leben gibt, der unser Leben erhält.

Sechs Bitten sind uns gegeben. Die ersten drei Bitten öffnen uns die Augen und Hände für die Weite der Aufgaben. Dein Name werde geheiligt! Dein Reich komme! Dein Wille geschehe!

Wir mißbrauchen den Namen Gottes. Wir bauen unser Reich. Gott fehlt. Das Reich Gottes ist der Drehpunkt der Botschaft Jesu. Das Reich der Himmel soll auf Erden Wirklichkeit werden. Damit beten wir gegen die Weltflucht. Gott soll zu uns kommen. Mit der Bitte um das Reich werden wir hineingenommen in das Gespräch um die Zukunft. Wer betet, hält die Welt für veränderungsfähig. Wir wissen: Gott ändert - nicht wir. Dein Reich komme! Wir kennen die Alternative, kennen den, der uns aus unserer Müdigkeit und Resignation herausholt. Wie auf einem Flugfeld die Positionslichter an der Landebahn schon angezündet sind, wenn auch das Flugzeug noch in der Ferne ist, so sind auch unsere Gebete um das Kommen des Reiches solche Positionsanzeigen: Positionsanzeigen gegen das Versinken im Alltäglichen.

In den drei ersten Bitten schlägt Gottes Puls in unsere Welt hinein: Name – Reich – Wille. Es geht nie zuerst um unseren Namen, um unser Reich, um unseren Willen, sondern um Gottes Namen, Gottes Reich, Gottes Wille. Das DEIN hämmert uns das ein. So sind die drei ersten Bitten der tiefste und gefährlichste Protest gegen die Knechtschaft, in die wir verstrickt sind.

Das Gebet Jesu umschließt die Welt, die Erde, auf der wir leben, hoffen, lieben, streiten, warten. Jesus ist nüchtern. Das uns aufgegebene Gebet rechnet mit der Wirklichkeit des Bösen, mit der Macht der Schuld, mit der Macht und Wirklichkeit des Hungers. Hunger: das heißt für viele heute kein Brot. Kein Brot dort – Abnahme der Lebensqualität hier. Unser tägliches Brot – das ist, was wir nötig haben zum Leben, zum Frieden, zum Arbeitsfrieden, Rechtsfrieden, Völkerfrieden. Wer um das tägliche Brot bittet, bittet um die rechte Sprache, das richtige Wort, um Wahrhaftigkeit, bittet, das Wort nicht als Waffe zu benutzen. Die Not, die gemeint ist, ist die Not von heute, ist das Brot für den kommenden Tag, das Lebensnotwendige.

Vergib uns unsere Schuld! Schuld – das ist Mangel an Liebe, das bedeutet, wir bleiben anderen und uns viel schuldig an Zeit und Liebe. Schuld: das ist Lieblosigkeit, Resignation, Besserwisserei, Versagen in vielen Situationen. Schuld – das bedeutet, ich höre nicht auf den anderen, weil ich so ungeduldig bin. Und doch: Auch da, wo ich liebe, werde ich schuldig, wenn wir dem einen helfen, haben wir für den anderen keine Zeit.

Versuchung? Das heißt der Gegenwart nicht treu zu sein. So geraten wir in die vielen Kompromisse mit der herrschenden Moral, der gegenwärtigen Machtverteilung. Wir wollen zu schnell die Wirklichkeit der Schuld überspielen und zu schnell jenseits von Gut und Böse sein.

So sind die UNSER-Bitten, die auf die DEIN-Bitten folgen, eine genaue Beschreibung unserer menschlichen Existenz. Sie leuchten hinein in die hintersten Winkel unseres Herzens, ins Unterbewußte, sie räumen alle Mauern weg.

In allem – im Hunger, in der Schuld, in der Versuchung – zeigt sich die Macht des Bösen, zeigt sich, daß Gottes Name nicht geheiligt wird, daß wir seinen Willen nicht tun, daß sein Reich nicht für uns Wirklichkeit ist.

Beten heißt nicht, so lerne ich, mich über die Situation hinwegtrösten und hinwegplappern, sondern auch realistisch und ungeschminkt erkennen. Der Beter steht in der Not und hält in seinen betenden Händen das Schicksal der Welt und sein eigenes. Er nimmt teil an der Weltregierung Gottes, an Gottes Herrschaft und Macht. Ein öffentlich gebetetes VATERUNSER bedeutet mehr Protest und Revolution als alle Versuche, die wir unter diesen fragwürdigen Begriffen kennen. Wer betet, der legt seine Hände nicht in den Schoß, wenn er sie nicht gerade zum Gebet faltet.

Unser Text endet mit einem Hinweis auf unser Vergeben. Beten heißt auch Schuld vergeben. Gottes Vergebung verträgt sich nicht mit der Verweigerung der Vergebung im Verhältnis von Mensch zu Mensch. Durchbetete Situationen sind veränderte Situationen. Wie sich durch den betenden Jesus die Situation zwischen Gott und Mensch verändert hat, so verändert sich das Verhältnis zwischen mir und dem anderen, wenn ich für ihn und mit ihm bete. Wer das eine ohne das andere haben will, trennt Glaube und Leben, Hoffnung und Gegenwart.

Wir sind unterwegs: Gott ist das Reich, Gott ist die Kraft, Gott ist die Herrlichkeit – jetzt und in Ewigkeit. Der Schluß des Gebetes ist ein Bekenntnis, daß Gott uns in größere Freiheit, in größere Wachheit, in größere Liebe hineinversetzen will. Wer am Gebet Jesu entlang geht, der hat ein sicheres Geländer, an dem er sich festhalten kann. Dieses Geländer hält. Es hilft auch im Zustand völliger Erschöpfung und Belastung, es hält über den Tod hinaus. Auch Jesus selbst hat sich betend in den Tod gegeben. Er ist gehalten worden von Gott und erweckt worden für uns.

Amen. So enden wir. Wer AMEN sagt, ist am Ende des VATERUNSER – er steht aber am Anfang der eigenen Worte und der eigenen Tat.

Wilhelm Holtmann

77 unser vater-unser

Der Text wurde inspiriert vom »Vaterunser der Campesinos in Guatemala« und formuliert aufgrund der Arbeitsergebnisse eines Seminars an der Pädagogischen Hochschule in Schwäbisch Gmünd.

vater unser –

unser aller vater:
der moslems und christen, der buddhisten und . . .,
der (super-)armen und (super-)reichen;
auch vater unserer 30 000 arbeitslosen jugendlichen,
die selbst dieses gebet wohl nicht sprechen,
weil sie ja zuviele andere sorgen haben.
auch vater der arbeitslosen lehrer und pastoralassistenten.
vater unser,
der du im übermaß an konsumgütern uns aufwachsen läßt
und nicht in einer welt voller armut.

vater unser im himmel –

der du bist überall, in jedem erdteil, in jedem mitmenschen,
nicht nur im himmel und nicht nur in den kirchen;
dessen wohnung nicht nur dort oben ist
bei den killer-satelliten und den anderen.

geheiligt werde dein name –

geheiligt nicht immer von deinen kirchen,
die sich selbst betrachten, weniger dich oder uns sehen;
geheiligt auch nicht immer von uns,
die wir oft keine klaren (christlichen) positionen beziehen,
da diese ja wehtun könnten;
geheiligt jedoch von menschen, die sich in größter not
und gefahr an dir festhalten und an deinem namen aufrichten,
an deinem namen und am namen deines sohnes.

dein reich komme –

ein reich voller friede für uns, friede für mich, voller friede.
voller glück für uns, glück für mich, voller glück.
voller gerechtigkeit für jeden, gerechtigkeit für alle,
voller gerechtigkeit.

ein reich, das unsere augen öffnet für den anderen;
ein reich, dessen vorgeschmack uns schon jetzt
die not und bedürfnisse der anderen erspüren läßt.
ein reich, das nicht kraft unserer institutionen,
nicht kraft unserer (unter-)offiziere und polizei,
nicht kraft des militärischen gleichgewichts kommt.
dein reich komme (bald und auch spürbar).

dein wille geschehe, wie im himmel so auf erden –

er geschehe,
selbst wenn er den willen einer minderheit darstellt,
selbst wenn maulkorberlasse und »man-tut-das-nicht«-moral
deinen willen hindern.
dein wille geschehe,
der für uns nicht zwang ist,
dessen sinn und glück und heil wir verstehen.
er geschehe,
damit das wahnsinnige aufrüsten ein ende hat,
das uns ins teuflische verderben führt.
er geschehe,
damit unsere sündigen strukturen der wirtschaft
die entwicklungsländer nicht noch länger und noch gründlicher
ausnützen und von uns abhängig machen;
er geschehe,
damit wirklich niemand, kein kind mehr
sich zu tode hungern muß,
während die eg
tausende tonnen und hektoliter an nahrungsmitteln vernichtet
und millionen von mark ausgibt,
um nur den »angemessenen weltpreis« zu halten.

unser tägliches brot gib uns heute –

gib es uns und allen hungernden kindern.
gib es uns, damit wir es mit anderen teilen
und nicht in den mülleimer werfen.
damit wir es gerecht verteilen,
das brot des körpers,
das brot des lebens,
das brot der verantwortung,
das brot unseres heiles.

und vergib uns unsere schuld –

unsere schuld, den kleinen und großen frieden immer wieder
auf spiel zu setzen, die schuld,
die menschenrechte zu mißachten und mißachten zu lassen,
die schuld, egoistisch und lieblos zu sein,
die schuld, nichts zu sagen, sondern zu schweigen.
auch die schuld, die uns nicht bewußt ist.

und führe uns nicht in versuchung –

die natur und ihre schätze zu vergeuden,
das leid um uns zu vergessen,
die not in uns zu leugnen,
das elend in der welt zu verdrängen.
verführe uns nicht mit dem glanz der 4-sterne-hotels
und nicht mit den worten der 4-sterne-generale,
auch nicht mit dem glanz der soliden autos mit dem »stern«.
sondern führe uns zu dir und zu den pennern
und zu den arbeitslosen jugendlichen und zu den ...

sondern erlöse uns von dem bösen –

das uns heimsucht in der gestalt der (auf-/nach-/weiter-)
rüstung; das wir im materiellen wohlstand genießen
(er macht ja nur »die anderen« kaputt, die »weit weg« leben);
erlöse uns von dem selbstverständlichen reichtum,
den wir nicht verkraften,
weil er ungerecht ist.

denn dein ist das reich –

das auch das meine werden soll und das aller menschen;

und die kraft und die herrlichkeit –

die du nicht für dich behalten willst,
sondern uns allen weitergibst;

wie im himmel so auf erden –

wie hier in schwäbisch gmünd so in kalkutta,
wie in der brd so in der ddr und in bangladesh,
wie in europa so in den homelands in südafrika,
wie in washington so auch in moskau und in buenos aires.

amen – so sei es. so ist es.

Franz Trautmann

78 kein anderer Name

Unter diesen Umständen zeigt sich die moderne Welt zugleich stark und schwach, in der Lage, das Beste oder das Schlimmste zu tun; für sie ist der Weg offen zu Freiheit oder Knechtschaft, Fortschritt oder Rückschritt, Brüderlichkeit oder Haß. Zudem wird nun der Mensch sich dessen bewußt, daß es seine eigene Aufgabe ist, jene Kräfte, die er selbst geweckt hat und die ihn zermalmen oder ihm dienen können, richtig zu lenken. Wonach er fragt, ist darum er selber.

In Wahrheit hängen die Störungen des Gleichgewichts, an denen die moderne Welt leidet, mit jener tiefer liegenden Störung des Gleichgewichts zusammen, die im Herzen des Menschen ihren Ursprung hat. Denn im Menschen selbst sind viele widersprüchliche Elemente gegeben. Einerseits erfährt er sich nämlich als Geschöpf vielfältig begrenzt, andererseits empfindet er sich in seinem Verlangen unbegrenzt und berufen zu einem Leben höherer Ordnung. Zwischen vielen Möglichkeiten, die ihn anrufen, muß er dauernd unweigerlich eine Wahl treffen und so auf dieses oder jenes verzichten. Als schwacher Mensch und Sünder tut er oft das, was er nicht will, und was er tun wollte, tut er nicht. So leidet er an einer inneren Zwiespältigkeit, und daraus entstehen viele und schwere Zerwürfnisse auch in der Gesellschaft. Freilich werden viele durch eine praktisch materialistische Lebensführung von einer klaren Erfassung dieses dramatischen Zustandes abgelenkt oder vermögen unter dem Druck ihrer Verelendung sich nicht mit ihm zu beschäftigen. Viele glauben, in einer der vielen Weltdeutungen ihren Frieden zu finden. Andere wieder erwarten vom bloßen menschlichen Bemühen die wahre und volle Befreiung der Menschheit und sind davon überzeugt, daß die künftige Herrschaft des Menschen über die Erde alle Wünsche ihres Herzens erfüllen wird. Andere wieder preisen, am Sinn des Lebens verzweifelnd, den Mut derer, die in der Überzeugung von der absoluten Bedeutungslosigkeit der menschlichen Existenz versuchen, ihr nun die ganze Bedeutung ausschließlich aus autonomer Verfügung des Subjekts zu geben.

Dennoch wächst angesichts der heutigen Weltentwicklung die Zahl derer, die die Grundfragen stellen oder mit neuer Schärfe spüren: Was ist der Mensch? Was ist der Sinn des Schmerzes, des Bösen, des Todes – alles Dinge, die trotz solchen Fortschritts noch immer weiterbestehen? Wozu diese Siege, wenn sie so teuer erkauft werden mußten? Was kann der Mensch der Gesellschaft geben, was von ihr erwarten? Was kommt nach diesem Irdischen Leben?

Die Kirche aber glaubt: Christus, der für alle starb und auferstand, schenkt dem Menschen Licht und Kraft durch seinen Geist, damit er seiner höchsten Berufung nachkommen kann; es ist kein anderer Name unter dem Himmel den Menschen gegeben, in dem sie gerettet werden sollen. Sie glaubt ferner, daß in ihrem Herrn und Meister der Schlüssel, der Mittelpunkt und das Ziel der ganzen Menschheitsgeschichte gegeben ist. Die Kirche bekennt überdies, daß allen Wandlungen vieles Unwandelbare zugrunde liegt, was seinen letzten Grund in Christus hat, der derselbe ist gestern, heute und in Ewigkeit. Im Licht Christi also, des Bildes des unsichtbaren Gottes, des Erstgeborenen vor aller Schöpfung, will das Konzil alle Menschen ansprechen, um das Geheimnis des Menschen zu erhellen und mitzuwirken dabei, daß für die dringlichsten Fragen unserer Zeit eine Lösung gefunden wird. *Zweites Vatikanisches Konzi, gaudium et spes*

79 für-einander

Worte der Ermutigung,
der Aufmerksamkeit,
der Anerkennung und des Lobes
sind für uns so wichtig
wie das tägliche Brot!
Sie sind tägliches Brot!
Sie sind Speise.

Menschen, die mich verstehen wollen,
die mich beraten,
die mich annehmen, wie ich bin,
die mir weiterhelfen,
die mit mir lachen und weinen,
Menschen, denen ich etwas bedeute,
Menschen können meine Speise sein.

Auch ich kann anderen zur Speise werden:
durch ein verständnisvolles Wort,
durch meine Aufmerksamkeit,
durch meinen Humor und Witz,
durch meine Fröhlichkeit.

Menschen sind füreinander Brot.

Es gibt auch das Gegenteil:
Menschen verhungern aneinander,
sie sind einander Feind,
sie geben sich kein gutes Wort . . .

Jesus ist den Menschen Speise geworden:
Er suchte die Verlorenen und die Verzweifelten,
er tröstete die Trauernden,
er heilte die Kranken,
er hatte Tischgemeinschaft mit den Ausgestoßenen,
er setzte sich auseinander mit denen,
die ihm deshalb Vorhaltungen machten,
die es ihm verbieten wollten.

Dafür gab er sein Leben hin.
Jesus wird uns Speise –
wir werden anderen Brot.

Willi Stengelin

79 um des Menschen willen: Gott

Jemand muß zuhause sein,
Herr,
wenn du kommst.
Jemand muß dich erwarten,
unten am Fluß
vor der Stadt.

Jemand muß nach dir Ausschau
halten
Tag und Nacht.

Wer weiß denn, wann du kommst.

Herr,
jemand muß dich kommen sehen
durch die Gitter
seines Hauses,
durch die Gitter.

Durch die Gitter deiner Worte,
deiner Werke,
durch die Gitter der Geschichte,
durch die Gitter des Geschehens
immer jetzt und heute
in der Welt.

Jemand muß wachen
unten an der Brücke,
um deine Ankunft zu melden,
Herr,
du kommst ja doch in der Nacht
wie ein Dieb.

Wachen ist unser Dienst,
wachen.
Auch für die Welt.
Sie ist oft so leichtsinnig,
läuft draußen herum,
und nachts ist sie auch nicht
zuhause.
Denkt sie daran,
daß du kommst?

Daß du ihr Herr bist
und sicher kommst?

Jemand muß es glauben,
zuhause sein um Mitternacht,
um dir das Tor zu öffnen
und dich einzulassen,
wo du immer kommst.

Herr,
durch meine Zellentüre
kommst du in die Welt

und durch mein Herz
zum Menschen.
Was glaubst du, täten wir sonst?

Wir bleiben, weil wir glauben.
Zu glauben und zu bleiben
sind wir da, –
draußen
am Rande der Stadt.

Herr,
und jemand muß dich aushalten,
dich ertragen
ohne davonzulaufen.
Deine Abwesenheit aushalten,
ohne an deinem Kommen
zu zweifeln.
Dein Schweigen aushalten
und trotzdem singen.
Dein Leiden, deinen Tod mitaushalten
und daraus leben.
Das muß immer jemand tun
mit allen andern.
Und für sie.

Und jemand muß singen,
Herr,
wenn du kommst,
das ist unser Dienst:
Dich kommen sehen und singen.
Weil du Gott bist.
Weil du die großen Werke tust,
die keiner wirkt als du.
Und weil du herrlich bist
und wunderbar wie keiner.

Komm, Herr!
Hinter unsern Mauern
unten am Fluß
wartet die Stadt
auf dich.

Amen.

Silja Walter

Dasein für andere

menschen neben uns
lassen uns deine nähe spüren
menschen die barmherzig sind
lassen uns deine barmherzigkeit ahnen
menschen die gerecht sind
sind ein abbild deiner gerechtigkeit
menschen die treu sind
sind ein spiegelbild deiner treue
menschen die freundlich sind
lassen deine menschenfreundlichkeit
erfahren – begreifen – fassen

ich danke dir du ferner gott
daß du uns nahe sein willst
ich danke dir du ferner gott
daß deine treue und deine nähe
durch mich anderen spürbar wird
so bergend wie ein schützender arm
so nahe wie ein wärmendes feuer
so stärkend wie kraftvolles brot
so freundlich wie ein liebes gesicht

laß mich meinem bruder sein
schützender arm – wärmendes feuer
kraftvolles brot
und ein liebes gesicht

81 der Weisung treu

Saint-Exupérys kleiner Prinz macht auf seiner Reise seltsame Begegnungen. Die mit dem Laternenanzünder scheint mir für Religionslehrer bedeutsam zu sein.

Der fünfte Planet war sehr sonderbar. Er war der kleinste von allen. Es war da gerade Platz genug für eine Straßenlaterne und einen Laternenanzünder. Der kleine Prinz konnte sich nicht erklären, wozu man irgendwo im Himmel, auf einem Planeten ohne Haus und ohne Bewohner eine Straßenlaterne und einen Laternenanzünder braucht . . .

Als er auf dem Planeten ankam, grüßte er den Laternenanzünder ehrerbietig. »Guten Tag. Warum hast du deine Laterne eben ausgelöscht?« »Ich habe die Weisung«, antwortete der Anzünder. »Guten Tag.« »Was ist das, die Weisung?« »Die Weisung, meine Laterne auszulöschen. Guten Abend.« Und er zündete sie wieder an. »Aber warum hast du sie soeben wieder angezündet?« »Das ist die Weisung«, antwortete der Anzünder. »Ich verstehe nicht«, sagte der kleine Prinz. »Da ist nichts zu verstehn«, sagte der Anzünder. »Die Weisung ist eben die Weisung. Guten Tag.« Und er löschte seine Laterne wieder aus. Dann trocknete er sich die Stirn mit einem rotkarierten Taschentuch.

»Ich tue da einen schrecklichen Dienst. Früher ging es vernünftig zu. Ich löschte am Morgen aus und zündete am Abend an. Den Rest des Tages hatte ich zum Ausruhn und den Rest der Nacht zum Schlafen . . .« »Und seit damals wurde die Weisung geändert?« »Die Weisung wurde nicht geändert«, sagte der Anzünder. »Das ist ja das Trauerspiel! Der Planet hat sich von Jahr zu Jahr schneller und schneller gedreht, und die Weisung ist die gleiche geblieben!« »Und?« sagte der kleine Prinz. »Und jetzt, da er in der Minute eine Umdrehung macht, habe ich nicht mehr eine Sekunde Rast. Jede Minute zünde ich einmal an, lösche ich einmal aus!« »Das ist drollig! Die Tage dauern bei dir eine Minute!« »Das ist ganz und gar nicht drollig«, sagte der Anzünder. »Das ist nun schon ein Monat, daß wir miteinander sprechen.« »Ein Monat?« »Ja, dreißig Minuten. Dreißig Tage! Guten Abend.« Und er zündete seine Laterne wieder an. Der kleine Prinz sah ihm zu, und er liebte diesen Anzünder, der

sich so treu an seine Weisung hielt. Er erinnerte sich der Sonnenuntergänge, die er einmal gesucht hatte und um deretwillen er seinen Sessel rückte. Er wollte seinem Freund beispringen: »Weißt du . . ., ich kenne ein Mittel, wie du dich ausruhen könntest, wenn du wolltest . . .« »Ich will immer«, sagte der Anzünder. Denn man kann treu und faul zugleich sein.

Der kleine Prinz fuhr fort: »Dein Planet ist so klein, daß du mit drei Sprüngen herumkommst. Du mußt nur langsam genug gehen, um immer in der Sonne zu bleiben. Willst du dich ausruhen, dann gehst du . . . und der Tag wird so lange dauern, wie du willst.» »Das hat nicht viel Witz«, sagte der Anzünder, »was ich im Leben liebe, ist der Schlaf.« »Dann ist es aussichtslos«, sagte der kleine Prinz. »Aussichtslos«, sagte der Anzünder. »Guten Tag.« Und er löschte seine Lampe aus.

Der, sagte sich der kleine Prinz, während er seine Reise fortsetzte, der wird von allen andern verachtet werden, vom König, vom Eitlen, vom Säufer, vom Geschäftsmann. Dabei ist er der einzige, den ich nicht lächerlich finde. Das kommt vielleicht daher, weil er sich mit anderen Dingen beschäftigt statt mit sich selbst. *Antoine de Saint-Exupéry*

Der Laternenanzünder, der ein Licht anzündet, ist das nicht der Religionslehrer, der Tag für Tag von neuem versucht, anderen Licht zu geben auf ihrem Weg? Und ist nicht auch er an »Weisungen« gebunden – angewiesen, beauftragt? Treu kommt er seinem Auftrag nach. Dabei kann es geschehen, daß die Welt sich verändert, die Wirklichkeit schließlich nicht mehr dieselbe ist, wie zu dem Zeitpunkt, als die Weisung erging. Es ist gut, daß es den »kleinen Prinzen« gibt, den »Laternenanzünder« fragt, welches denn die »Weisung«, seine Weisung ist. Ist die »Weisung« die einmal ergangene, unveränderliche Norm, oder ist sie ein Rahmen, eine Zielsetzung, deren Ausgestaltung dem Laternenanzünder aufgegeben ist? Aber nicht nur der Laternenanzünder sieht sich vor diese Frage gestellt. Mit seiner Frage, was denn die Weisung sei, fordert der kleine Prinz auch die zum Nachdenken heraus, die die Weisung gegeben haben. Ist die Weisung richtig, ist sie gut formuliert? Müssen sie vielleicht den vielen kleinen Laternenanzündern immer wieder einmal die Weisung neu erklären? Es ist gut, daß es immer wieder solche kleinen Prinzen mit ihren Fragen gibt. *Willi Krah*

82 im Namen . . .

ungeduldig
im Namen der Zufriedenen
verzweifeln

geduldig
im Namen der Verzweifelten
an der Verzweiflung
zweifeln

ungeduldig, geduldig
im Namen der Unbelehrbaren
lehren.

Hans Magnus Enzensberger

83 vom Reichtum des Lebens

Wißt ihr nicht, wie das Fasten ist, das ich liebe? So spricht der Herr Jahwe: Ungerechte Fesseln öffnen und des Joches Stricke lösen; die Bedrückten frei entlassen und jegliches Joch zerbrechen; dein Brot dem Hungrigen brechen und obdachlose Arme aufnehmen in dein Haus; den Nackten, den du siehst, bekleiden und dich deinen Mitmenschen nicht entziehen. Dann bricht wie Morgenröte dein Licht hervor, und schnell wird deine Heilung sprossen. Deine Gerechtigkeit geht alsdann vor dir her,und die Herrlichkeit Jahwes wird deine Nachhut bilden. Dann wirst du rufen, und Jahwe wird dir antworten, du wirst flehen, und er wird sagen: »Siehe, hier bin ich!« (Jesaja 58,6-12)

Wenn du aus deiner Mitte Bedrückung, Fingerrecken und Unheilsrede entfernst, wenn du Hungrigen dein Brot schenkst und den Gebeugten sättigst, dann wird im Dunkel dein Licht erstrahlen, und deine Finsternis wird zur Mittagshelle. Dann wird Jahwe dich allezeit leiten und deine Seele selbst im dürren Lande sättigen. Er wird deine Glieder mit Kraft erfüllen; du wirst wie ein wohlbewässerter Garten sein, wie eine Quelle, deren Wasser nie versiegt. Und du wirst uralte Trümmer wieder aufbauen, die Grundmauern vergangener Geschlechter wirst du wieder aufrichten. Dann wird man dich nennen: Der Breschen vermauert, und: Der Trümmer zum Wohnen wiederherstellt.

Spar dich nicht auf, sagt er. Dein Reichtum wächst mit deiner Verschwendung. Es ist der Reichtum, ein Mensch zu sein, von dem dieser Text spricht, nicht der, etwas zu haben. Der Reichtum, der im Haben besteht, sichert sich durch Besitz, Stand und Privilegien. Es ist ein Reichtum an Materialien, Reichtum an Totem und Erstarrtem; und es ist ein Reichtum, der dadurch zustandegekommen ist, daß andere arm gemacht worden sind. Der reiche Mensch, von dem Jesaja spricht, der mit dem Hungrigen das Brot teilt und mit dem in der Depression das Gespräch, ist reich nicht im Sinne des Habens, aber im Sinne der menschlichen Beziehung. Er hat viele Freunde. Es ist nicht ein innerer Reichtum gemeint, bei dem man über die äußere Unfreiheit und Armut einfach hinwegsehen könnte. Der reiche Mensch, wie Jesaja ihn sieht, nimmt Unrecht, Unterjochung, Zerstörung von Leben in der Gesellschaft wahr. Aber er findet sich nicht damit ab. Sein Leben hat eine Richtung, eine klare Tendenz, und sie geht darauf, daß alle einen Namen bekommen. Reich wird, wer Brüder gewinnt. *Dorothee Sölle*

84 nur treu sollten wir sein

Wie oft möchten wir besser, menschlicher, erfolgreicher sein – nicht nur um unseretwillen, sondern auch – ja manchmal vielleicht sogar vor allem – anderer Menschen oder gar Gottes wegen. Doch wir schaffen es nicht. Beim besten Willen nicht. Man könnte verzweifeln – tröstete einen auch da die Bibel nicht.

Es war ein zufälliger Fund, und er war so überraschend, daß man ihn zunächst kaum zu glauben wagte. Und doch ist es so: Das Alte und das Neue Testament kennen den uns geläufigen Begriff »der allmächtige Gott« nicht! Jene uns geläufige Wendung »*deus omnipotens*« läßt sich in die Sprache der Bibel nicht zurückübersetzen. Gewiß, an Gottes Macht gab es für Israel nicht den geringsten Zweifel; denn eben sie hatte das auserwählte Volk immer wieder an sich erfahren; bei der Herausführung aus Ägypten, beim Zug durch die Wüste und der Landnahme, aber auch noch viel später, als Israel im Vertrauen auf Gott alle feindlichen Angriffe überlebte (Ps 124). Freilich, je länger Israel mit

Gott seine Erfahrungen machte, um so besser verstand es die Eigenart dieser göttlichen Macht.

Sie war nicht eine Macht gegen andere Menschen und Völker (so hatten die Väter noch Gottes Macht beim Auszug aus Ägypten verstanden), nein, Gottes Macht war die Kraft, in der Gott Israel bewahrte und trug: »Ich bleibe derselbe, so alt ihr auch werdet, bis ihr grau werdet, will ich euch tragen. Ich habe es getan, und ich werde euch weiterhin tragen, ich werde euch schleppen und retten» (Jes 46, 4). »Gottes Macht» – wenn Israel davon sprach, dann dachte es nicht daran, daß Gott »alles Mögliche« machen könnte, wenn er nur wollte, sondern dann dachte Israel an Gottes unbesiegbare Zuneigung und Freundschaft.

Doch hier ist die Rückfrage berechtigt: Wird in unserer Bibel Gott nicht dennoch immer wieder »der Allmächtige« genannt? Gewiß, doch die Erklärung ist einfach.

In der hebräischen Bibel finden wir überall dort, wo wir in unserer Übersetzung auf das Wort »der Allmächtige« stoßen, einen sehr alten Gottesnamen: *el schaddaj*. Die ursprüngliche Bedeutung dieses Namens wurde in Israel schon sehr früh nicht mehr verstanden (und auch wir können ihn heute nicht mehr wirklich erklären). Deshalb suchten jene, die die hebräische Bibel in eine andere Sprache übersetzten, nach einem neuen Wort für den alten Gottesnamen. So wählten beispielsweise die Menschen, die das Alte Testament in die lateinische Sprache übersetzten, dafür den Begriff »*deus omnipotens*«, zu deutsch: »der allmächtige Gott«. Und so sagen auch wir. In der Geheimen Offenbarung finden wir an den entscheidenden Stellen das griechische Wort *pantokrator* – das aber bezeichnet den »Allerhalter«, nicht den »Allmächtigen«, wie wir uns das seit Kleinkindertagen vorstellen.

Wenn nun aber Gottes Macht nicht darin besteht, daß er, wenigstens er, alles tun und machen kann, was er will, wenn seine Macht vielmehr in seiner allen Mächten überlegenen Treue und Zuneigung besteht, wäre es dann nicht töricht, verzweifelten wir, weil wir dieses nicht machen können und jenes nicht erreichen?

Nur treu sollten wir sein – zu den Menschen und Dingen und Gott – und voller Zuneigung. Dann machen wir's wie Gott. Dann wären wir Mensch.

Meinrad Limbeck

85 un-tragbar

Gedanken zu einem an-stößigen Text der Bibel

»Hört auf mich, ihr vom Hause Jakob, der ganze Rest vom Hause Israel, die ihr vom Mutterleib an mir aufgebürdet seid, mit denen ich mich beladen vom Mutterschoße an:

Bis in euer Alter bleibe ich derselbe, und bis in eure Greisenjahre will ich euch tragen. Ich habe es getan und werde weitertragen; ich werde halten und retten.« (Jes 46, 3-4)

Eine unerträgliche Lage: Israels Rest in der Verbannung, fremd, die Hoffnung verdorrt, sich selber zur Last. Dieses Leben ist unerträglich – ein Gott der uns vergißt, sein Volk – ein solcher Gott ist unerträglich.

Mit diesem Volk hat sich Gott beladen; es macht sich bleischwer. Es hängt an ihm mit der ganzen Last seines Kleinglaubens, seines Mißtrauens und seiner Verzweiflung.

Und ist das nicht unglaublich: Er läßt zu, daß wir ihm unerträglich schwer sind; er hat sich uns »aufgehalst«, nicht aus einer gnädigen Laune für Tage. »Bis in euer Alter« bleibt er der, dem wir am Halse hängen dürfen. Er willigt ein, mit uns alt zu werden. Das heißt für ihn Treue und Liebe. Er hält sich selber die Treue, indem er uns aushält.

»Hört auf mich!« Das ist sein An-Spruch. Verlaßt euch auf mich, so wie ihr seid: nicht geschminkt und geschönt: nackt und vertrauend.

Es könnte doch sein, daß uns eine solche Erfahrung verwandelt. Es könnte doch sein.

»Hört auf mich – ich werde halten und retten.«

Heinz Laubenthal

86 Liebe ist . . .

Liebe ist wie ewige Ferien.
Liebe ist wie die Luft zum Leben.
Liebe ist wie ein wolkenbedeckter Himmel.
Liebe ist wie ein Feuer, sie verbreitet sich schnell.
Liebe ist wie ein großes Fest.
Liebe ist wie gute Freunde einzuladen.
Liebe ist wie das Meer, es gibt keinen Anfang und kein Ende.
Liebe ist wie die erste Frühlingsblume.
Liebe ist wie ein Tag ohne Ärger.
Liebe ist wie ein Berg Kaugummi.
Liebe ist wie der Zirkus.
Liebe ist wie ein blauer Himmel ohne Wolken.
Liebe ist wie ein schönes Schloß.
Liebe ist wie ein Abenteuer.

Klasse 8 der Friedrich-Ebert-Schule

87 Zustimmung des Herzens

Ein Mann kam zum Kozker Rabbi und fragte, wie er wohl seine Söhne dazu bringen könnte, sich mit der Lehre Gottes zu befassen. Der Rabbi antwortete: »Willst Du's in Wahrheit, befasse Du Dich mit der Lehre, und sie werden es Dir absehen. Sonst werden auch sie sich nicht befassen, sondern werden ihre Söhne anweisen, das zu tun und so fort und fort. Es steht ja geschrieben: ‚Wahre dich . . .! Du möchtest etwa vergessen die Dinge, die deine Augen sahen! Du wirst sie nie zu wissen geben deinen Söhnen und den Söhnen deiner Söhne!' Vergissest Du selber die Lehre, dann werden auch Deine Söhne sie vergessen und nur wieder ihren Söhnen sie zu wissen geben, und auch die werden vergessen und nur zu wissen geben, alle werden zu wissen geben und keiner wird wissen!« *(Martin Buber)*

Sich selber mit der »Lehre Gottes« befassen – sich vom Interesse Gottes erfassen lassen – Zeuge einer Hoffnung werden, von der man nicht einmal zu träumen wagt.

»Durch dieses Zeugnis ohne Worte wecken diese Christen in den Herzen derer, die ihr Leben sehen, unwiderstehlich Fragen: Warum sind jene so? Warum leben sie auf diese Weise? Was oder wer ist es, das sie beseelt? Warum sind sie mit uns?« (Evangelii nuntiandi 21). Eine Botschaft, die gesehen, gehört, aufgenommen und angeeignet wird. Sie bewirkt die Zustimmung des Herzens. »Zustimmung zu den Wahrheiten, die der Herr aus Barmherzigkeit geoffenbart hat, gewiß. Aber mehr noch Zustimmung zu dem Lebensprogramm – dem eines nunmehr verwandelten Lebens –, das der Herr vorlegt.« *(Evangelii nuntiandi 23).*

»Der Herr hat die Menschen aus Erde geschaffen . . . Er bildete ihnen Mund und Zunge, Auge und Ohr, und ein Herz zum Denken gab er ihnen« *(Jesus Sirach 17, 1.6).*

Karl Heinz Schmitt

88 auf wen kommt es an?

Irgendwo sollte eine Hochzeit gefeiert werden. Die Brautleute hatten nicht viel Geld, aber dennoch waren sie der Meinung, daß viele Menschen mitfeiern sollten. Geteilte Freude ist doppelte Freude, dachten sie. Es sollte ein großes Fest werden, beschlossen sie, mit vielen Gästen. Denn warum sollte unsere Freude nicht ansteckend sein? fragten sie sich. Es herrscht unter den Menschen ohnehin mehr Leid als Freude. Also baten sie die Eingeladenen, je eine Flasche Wein mitzubringen. Am Eingang würde ein großes Faß stehen, in das sie ihren Wein gießen könnten; und so sollte jeder die Gabe des anderen trinken und jeder mit jedem froh und ausgelassen sein. Als nun das Fest eröffnet wurde, liefen die Kellner zu dem großen Faß und schöpften mit großen Löffeln daraus. Doch wie groß war das Erschrecken aller, als sie merkten, daß es Wasser war. Versteinert saßen oder standen sie da, als ihnen allen bewußt wurde, daß eben jeder gedacht hatte: Die eine Flasche Wasser, die ich hineingieße, wird niemand merken oder schmecken. Nun aber wußten sie, daß jeder so gedacht hatte. Jeder von ihnen hatte gedacht: Heute will ich mal auf Kosten anderer feiern. Unruhe, Unsicherheit und Scham erfaßte alle, nicht nur, weil es lediglich Wasser zu trinken gab. Und als um Mitternacht das Flötenspiel verstummte, gingen alle schweigend nach Hause, und jeder wußte: Das Fest hat nicht stattgefunden.

Chinesische Parabel

89 hast du etwa mich gemeint?

Herr, Du mußt Dich geirrt haben
als du Mensch wurdest,
denn: man ist doch wer und achtet auf seinen Ruf.
Auch mußt Du Dich vermessen haben
als Du auf Liebe setztest.
denn: man kann doch nicht über seinen Schatten springen.
Du mußt die falsche Melodie erwischt haben
als Du begeistert von Leben und Freude gesungen hast,
denn: man kann doch nicht so außer sich sein.
Du mußt nicht ganz klar gewesen sein
als Du das Schwache stark und das Kleine
groß gepriesen hast.
denn: man kann sich doch nicht über gesellschaftliche
Erfordernisse hinwegsetzen.
Du mußt betrunken gewesen sein
als Du Dich bei den Ausgeflippten einfandest
und Dich dort auch noch wohlfühltest,
denn: man weiß doch schließlich, was sich gehört.
Oder?
Hast Du vielleicht MAN gar nicht gemeint
als Du von Leben, Liebe und Freude erzähltest?
Hast Du etwa mich gemeint?

Ursula Schöberl

90 Brückenbauer

Spannungsvoll ist dieser Brückenbogen, von einer Seite zur anderen gewölbt. Steinig der Boden, aus Steinen steil und kühn gefügt der Brückenbau, der in schwungvollem Bogen ansteigt, kurz auf der Höhe verweilt und zurückkehrt zum festen Boden, zum sicheren Halt.

Die Brücken, die der Mensch aus Stein, Beton und Eisen baut, sind Wege über unwegsame Räume hinweg. Sie sind das Abbild einer Lebenswirklichkeit. Das Bild der Brücke kann zu einem richtungweisenden Inbild für uns werden.

Da sind zwei Menschen in Feindschaft geraten, zerstritten, einander verhaßt, ein Abgrund der Lieblosigkeit trennt sie voneinander:

Wer baut eine Brücke?

Vater und Mutter fragen und suchen nach dem Sohn, ihrem einzigen Kind. Wortlos ging er davon; unverstanden und trotzig verließ er das Elternhaus. Die Zeit der Trennung schafft einen weglosen Zwischenraum des Befremdens.

Wer schafft die Überbrückung?

Der Krieg verjagte viele, viele Menschen aus ihrer Heimat. Sie retteten nur das nackte Leben. Andere kamen und nahmen Land, Haus und Eigentum in ihren Besitz. Brückelos-feindlich leben Sieger und Geflüchtete auf unserer Erde.

Wie überwinden sie die trennende Schlucht?

Christen loben und preisen Gott, der ihnen das Heil und die Erlösung schenkte. Christen leben auf allen Erdteilen, aber als Getrennte.

Wer baut die Brücke der Versöhnung?

Das menschliche Leben braucht den Brückenschlag. Jeder Mensch muß Brücken bauen durch das verzeihende, versöhnliche Wort. Er muß die Kraft aufbringen, die trennende Schlucht der Vorurteile, der Feindschaft, des Hasses zu überbrücken durch ein verstehendes Wort, durch eine entgegenkommende Tat, durch das friedensuchende Wagnis der Brüderlichkeit, durch die Brücke der Liebe von Mensch zu Mensch.

Jeder weiß für sein Leben, wo er Brücken schlagen muß. Jeder weiß aus eigener Erfahrung: Wo Brücken brechen, entsteht Weglosigkeit, unüberwindbarer Abgrund. Brückenbauer müssen wir sein, damit wir das andere Ufer erreichen, den Mitmenschen, den Gott uns gab.

Brückenbauer müssen wir sein, um den Weg zu bahnen vom sicheren Heute zum ungewissen Morgen – der Brückenschlag kann wie ein Wagnis ins Dunkel, ins Neblige, ins Unbekannte sein.

Hedwig Bach

91 die Menschen froh machen

Als Elisabeth von Thüringen nach großer Armut aus dem Besitz, der ihr als Ehefrau zustand, einen großen Geldbetrag erhalten hatte, rief sie die Armen und Schwachen zwölf Meilen in der Runde von Marburg für einen bestimmten Tag zusammen und befahl, ihnen 500 Mark zugleich auszuteilen. Da die Nacht hereinbrach und der Mond hell leuchtete, lagen noch sehr viele Arme und Kranke an den Stufen des Hospitals und in den Winkeln des Hofes, während die kräftigeren Armen fortgegangen waren.

Als Elisabeth beim Eintritt in den Hof die vielen Menschen sah, sagte sie zu ihren Leuten: »Siehe da, die Schwachen sind zurückgeblieben, geben wir ihnen noch etwas.« Und sie ließ jedem noch sechs Denare geben und wollte nicht, daß den Kindern weniger gegeben werde. Dann ließ sie Brot bringen und verteilte es. Danach sagte sie: »Wir wollen diese Leute recht fröhlich machen, zündet also ein Feuer an.« Und sie ließ weithin Feuer anzünden und vielen die Füße waschen und salben. Da begannen die Armen zu singen und sich wohl zu fühlen. Als Elisabeth dies hörte, sagte sie: »Seht, ich habe es euch ja gesagt: man muß die Menschen nur froh machen.« Und sie freute sich mit den Fröhlichen. *aus dem Heiligsprechungsprozeß*

92 an Bischof Hermann Josef

Namenstagsrede, ein Jahr nach seiner Amtseinführung

Sehr geehrter, lieber Herr Bischof,

in Ihren ersten Worten, die Sie vor einem Jahr an uns, Ihre neuen Mitarbeiter richteten, beschworen Sie uns, auf die Menschen zuzugehen, sie nicht als verwaltende Herde zu betrachten, sondern – wenn nötig – vor Ort mit ihnen zusammenzutreffen, mit ihnen gemeinsam die Sorgen zu tragen, die Probleme anzugehen und lösen zu helfen oder sie auszuhalten – aus dem gleichen Antrieb des Glaubens, der Hoffnung und der Liebe heraus.

Niemand ist gerne ein funktionierendes Teil in einem seelenlosen Räderwerk, aber trotzdem dachte ich damals an die vielen *Zahnräder* einer Uhr, die – von der gleichen *Feder* getrieben – diese Federkraft geduldig und behutsam weitergeben. Bei beiden, der Uhr und der Dienstgemeinschaft, hat jedes Teil seine besondere Funktion. Bei der Uhr ist der zentrale Antrieb die *Feder*, die ihre Kraft nicht aus sich selbst, sondern von außen erhält. Diese Federkraft wird über kleine und große, vielzackige und glatte, gut abgesicherte und gefährdet erscheinende *Rädchen* an die notwendige *Unruhe* übertragen. Der sogenannte *Gang* hemmt und sperrt den Ablauf und gibt die Impulsivität der Unruhe in gleichmäßigen, wohlberechneten Impulsen weiter. Die Uhr wie die Dienstgemeinschaft arbeiten nicht zum Selbstzweck, sondern als Dienst – hier die Zeit anzusagen, dort die Botschaft Jesu in dieser Zeit weiterzubringen.

Vielleicht hat dieses Bild auch den Mönch Hermann Josef von Steinfeld fasziniert. Zu seinen Lebzeiten vor 750 Jahren wurden die Räderuhren erfunden. Sie lösten die Sand-, Sonnen-, Kerzen- und Wasseruhren ab. Von ihm, Ihrem Namenspatron, erzählt man sich jedenfalls, daß er vorzüglich diese Räderuhren herstellen und reparieren konnte. Das ist um so erstaunlicher, da er doch als feinsinniger Mystiker bekannt ist, der liebevolle Gebete dem »Höchsten König Herz«, der »überaus verehrten mystischen Braut«, der Gottesmutter und der Heiligen Ursula mit ihren Gefährten widmete.

Lag diese Doppelbegabung an der alten Prämonstratenser-Regel, zwischen den Gebeten mit der Hand zu arbeiten? Oder lag sie an dem frühen Erlebnis des zum Tischdienst eingeteilten Heiligen?

Als er sich bei Maria beschwerte, daß er vor lauter Arbeit nicht mehr zum Beten, Lesen und Meditieren komme, belehrte sie ihn in einer Vision: »*Du mußt wissen, daß Dir keine größere Pflicht obliegt, als in Liebe Deinen Brüdern zu dienen!*«

Dem Nächsten zu dienen mit Gebet und Handanlegen, Antrieb zu sein für andere, die empfangene Kraft behutsam und geduldig weiterzugeben, dies wünschen wir Ihnen und versichern und versprechen Ihnen, es mit unserem Bischof gemeinsam als unserer *Antriebsfeder* weiter zu versuchen. Jeder an seinem festen oder unruhigen, bremsenden oder leichtfüßig in Diamanten gebetteten Platz, der eine verborgen im *Gehäuse*, der andere allen sichtbar auf dem *Zifferblatt*.

Lieber Herr Bischof, als äußeres Zeichen darf ich Ihnen heute zu Ihrem Namenstag drei Dinge schenken: eine alte Taschenuhr, deren Räderwerk nicht nur mit sieben Rubinen, sondern mit hunderten ebenso notwendigen Schräubchen, Gelenken, Wellen und Rädchen bestückt, zur Meditation aufklappbar ist; den passenden Schlüssel dazu, der die Feder beim Aufziehen daran erinnert, daß ihre herrliche Kraft nicht von ihr selbst stammt, und einen Uhrmacherpräzisionsschraubenzieher, mit dem Sie – wie bei diesem Uhrwerk nötig – Schrauben anziehen oder bei Bedarf lockern können.

Hubert Ries

93 Gebet eines Religionslehrers

Jesus Christus, guter Bruder und Lehrer. Heute nehme ich alle die ins Gebet, zu denen du mich gesandt hast. Du hast mir mit ihnen und ihnen mit mir nicht wenig zugemutet. Du weißt aber auch, was du ihnen und mir zutrauen darfst. Deshalb denke ich jetzt voll Vertrauen an alle meine Schülerinnen und Schüler, meine Kolleginnen und Kollegen, meine Freuden und Sorgen, meine Möglichkeiten und Schwächen.

Ich danke dir, daß du mir Freude bereitest: durch junge Menschen. Sie fragen mich, sie glauben mir und finden dich über mich. Ich danke dir für Kollegen, die sich mit mir sorgen und die dich und mich ernstnehmen.

Ich will für alle bitten, die ich lehren und begleiten darf. Du weißt besser als ich, wie sie sind und was sie brauchen. Schenk es ihnen, durch mich oder ohne mein Zutun.

Besonders empfehle ich dir meine Schüler und Kollegen, die mich nicht als deinen Boten anerkennen, weil du ihnen nichts bedeutest. Vielleicht stehe ich ihnen im Weg, der zu dir führt.

Behalte alle im Blick, die meine Schüler und Kollegen gewesen sind. Sei ihr Gefährte, sei ihnen Weg und Ziel. Gib mir, was ich brauche, um dich lehren und lieben zu können, in der Schule und überall sonst. Erfülle mit deinem Geist auch andere Religionslehrer, Katecheten und Mitarbeiter in deinem Dienst. Laß uns mit dir Hirten sein, die deine Wege wissen und führen.

Herr Jesus Christus, Weg Gottes, Wahrheit Gottes, Leben Gottes für uns Menschen, laß dir danken. Laß dich bitten für meine Schüler, meine Kollegen und mich. Du hast mich in deinen Dienst gerufen, ich will dir dienen heute und in Ewigkeit. Amen.

Wolfgang Nastainczyk

94 Schicksal der Kirche

Von zwei Sachverhalten wird es abhängen, ob die Kirche noch einmal einen Weg zu diesen Menschen finden wird. Das eine gleich vorweg: dies ist so selbstverständlich, daß ich es gar nicht weiter eigens aufzähle. Wenn die Kirchen der Menschheit noch einmal das Bild einer zankenden Christenheit zumuten, sind sie abgeschrieben . . .

Der eine Sachverhalt meint die Rückkehr der Kirchen in die »Diakonie«: in den Dienst der Menschheit. Und zwar in einen Dienst, den die Not der Menschheit bestimmt, nicht unser Geschmack oder das Consuetudinarium einer noch so bewährten kirchlichen Gemeinschaft. »Der Menschensohn ist nicht gekommen, sich bedienen zu lassen, sondern zu dienen.« Man muß nur die verschiedenen Realitäten kirchlicher Existenz einmal unter dieses Gesetz rufen und an dieser Aussage messen, und man weiß eigentlich genug. Es wird kein Mensch an die Botschaft vom Heil und vom Heiland glauben, solange wir uns nicht blutig geschunden haben im Dienst des physisch, psychisch, sozial, wirtschaftlich, sittlich oder sonstwie kranken Menschen ...

Rückkehr in die »Diakonie« habe ich gesagt. Damit meine ich das Sich-Gesellen zum Menschen in allen seinen Situationen mit der Absicht, sie ihm meistern zu helfen, ohne anschließend irgendwo eine Spalte und Sparte auszufüllen. Damit meine ich das Nachgehen und Nachwandern auch in die äußersten Verlorenheiten und Verstiegenheiten des Menschen, um bei ihm zu sein genau und gerade dann, wenn ihn Verlorenheit und Verstiegenheit umgeben. »Geht hinaus«, hat der Meister gesagt, und nicht: »Setzt euch hin und wartet, ob einer kommt.« Damit meine ich die Sorge auch um den menschentümlichen Raum und die menschenwürdige Ordnung ...

Damit meine ich die geistige Begegnung als echten Dialog, nicht als monologische Ansprache und monotone Quengelei ...

Dies alles wird aber nur verstanden und gewollt werden, wenn aus der Kirche wieder erfüllte Menschen kommen ...

Die erfüllten Menschen, nicht die heilsängstlichen oder pfarrerhörigen erschreckten Karikaturen. Die sich wieder wissen als Sachwalter und nicht nur Sachwalter Christi, sondern als die, die gebetet haben mit aller Offenheit: fac cor meum secundum cor tuum. Ob die Kirchen den erfüllten, den von den göttlichen Kräften erfüllten, schöpferischen Menschen noch einmal aus sich entlassen, das ist ihr Schicksal ...

Man muß, glaube ich, den Satz sehr ernst nehmen: was gegenwärtig die Kirche beunruhigt und bedrängt, ist der Mensch. Der Mensch außen, zu dem wir keinen Weg mehr haben und der uns nicht mehr glaubt. Und der Mensch innen, der sich selbst nicht glaubt, weil er zu wenig Liebe erlebt und gelebt hat. Man soll deshalb keine großen Reformreden halten und keine großen Reformprogramme entwerfen, sondern sich an die Bildung der christlichen Personalität begeben und zugleich sich rüsten, der ungeheuren Not des Menschen helfend und heilend zu begegnen ...

Für die Kirche ergibt sich (daraus) eine mehrfache Verpflichtung. Die harte und ehrliche Überlegung, wie dies so werden konnte. Und zwar nicht eine Überlegung nach der Schuld des andern.

Die alte Frage, was sich für das Aufleben, die Erscheinungsweise der Kirche für Konsequenzen ergeben.

Viel wichtiger und tiefer: Erziehung zur Ehrfurcht dem anderen Menschen gegenüber. Weg von der Anmaßung zur Ehrfurcht.

Die Kirche muß sich selbst viel mehr als Sakrament, als Weg und Mittel begreifen, nicht als Ziel und Ende. Die personale Verlebendigung ist heute wichtiger als die umfängliche sachliche Integrität. *Alfred Delp SJ*

95 das vergessene Angesicht

Gesicht Lateinamerika,
dein geschlossener Mund redet lauter
als unsere Antwort sein kann.
Deine Augen blenden uns auf den Straßen
unserer selbstgefälligen Sicherheiten.
Deine Ohren sind taub
für den Lobpreis unserer Barmherzigkeit.
Wir fürchten dein Gericht
und verstummen schnell vor deinen Fragen,
denn dir wurden Lasten aufgebürdet,
die wir selbst schon längst verweigern.
Dir wurde Leid angetan,
das bis zu unseren Ufern reicht.
Dir sind Furchen eingegraben,
in denen dir nur Sorge keimt.
Wende dich nicht von uns,
wenn wir den Ausweg suchen
aus den aufgebrochenen Türen

unserer Gleichgültigkeit.
Ob wir dich jemals finden?
Niemals, wenn die Pfeiler unserer Brücke
nicht mehr sind als Almosen, Bettelgaben,
wenn die Bögen sich spannen
zwischen Politik und Geschäft
und keiner erwägt:
du bist das vergessene Antlitz
unseres Gottes.

Leo Schwarz

96 der Schluß bleibt unbefriedigend

Es folgt der gemütliche Teil. Die Herren haben ihn redlich verdient. Es war ein Tag der schweren geistlichen und geistigen Kost: Vorträge, Meditationen, Arbeitskreise, Diskussionen um den Standort des Religionslehrers. Jetzt streben sie die einzig diskutable Kneipe der Stadt an. Der Wein ist gut, die wohlbestallten Herren sind Kenner. Der Wein lockert. Er macht aus der Sprache, die den Tag über als Signal für Fachkompetenz mißbraucht wurde, wieder das, was sie sein soll: eine Möglichkeit, sich mitzuteilen, sich zu verstehen. Und sie verstehen sich; mit jedem Glas ein bißchen besser. Was kann mehr verbinden als gemeinsame Freude?

Gemeinsamer Ärger natürlich. Und über wen ärgern sich »engagierte« Christen in seltener Eintracht? Über die »Amtskirche«. Das Gespräch ist offen, schließlich ist man unter sich. Es ist auch laut, obwohl man nicht allein ist.

Am Nebentisch hockt eine junge Frau. Sie müßte stocktaub sein, um all die eleganten, bissigen, geistvoll-witzigen, sarkastischen oder verbitterten Seitenhiebe auf das »Bodenpersonal Gottes« zu überhören. Sie ist aber nicht taub. Sie ist zum Zuhören gezwungen. Und als sie aufsteht und hinüberkommt, ist es nicht Ärger. Nein, etwas Schlimmeres: Sie nimmt Ärgernis, um es mit den Worten der bibelfesten Herren auszudrücken. Und anders als diese Runde, die in sicherer Entferung ihre Frustration loswird, versucht sie es ganz direkt.

Die Herren formieren sich. Sie rücken zusammen, äußerlich, um dem ungebetenen Gast Platz zu schaffen, innerlich zur Verteidigung.

Der Angriff kommt frontal: Hier protestieren die Maden gegen den Speck. Wer bezahlt denn das Bett, in das die Herren gleich ihr gedankenschweres Haupt legen werden? Wohin schicken sie morgen ihre Reisekostenrechnung? Sind sie nicht ein Teil der kritisierten Beamtenschaft? Was tragen sie denn zur inneren Erneuerung bei? Schüren sie nicht das Unbehagen, die Unzufriedenheit, die gängigen und bequemen Vorurteile?

Die Art der Argumentation und die Beherrschung der Binnensprache läßt eine Vermutung zu: Ist die Dame etwa eine Kollegin? Fast, meine Herren, fast. Sie ist ehemalige Theologiestudentin, ehemalige Prüfungskandidatin, vorgestern durchgefallen. Ein Versager, nicht gut genug für den Arbeitgeber, der hier so gescheit verrissen wurde.

Das nennt man Stimmungskiller. Die Runde bröckelt ab. Der Wirt stellt die Stühle hoch und erleichtert den Abgang. Zwei halten noch durch, bis die ersten Lampen ausgeknipst werden. Sie bitten um die Rechnung, aber die junge Frau will selbst bezahlen. Geld ist nicht das Problem. Morgen früh tritt sie als Serviererin im Schnellrestaurant an. Heute früh, genauer gesagt. Sie muß nur noch ein paar Stunden herumbringen, nur noch Abschied nehmen von alten Träumen und Plänen. Vor der Tür, im eiskalten Nieselregen, sieht sie plötzlich aus wie ein Kind, das zu unrecht geschlagen wurde. Ihre Unterlippe zittert.

In den beiden Aufrechten erwachen Beschützerinstinkte. Sie begleiten sie nach Hause. Ein Mietshaus, riesig, finster, nicht von der Art, die nach Sauerkraut und Windeln riecht, sondern von der Art, in der ein Toter monatelang in seiner Wohnung liegen kann, ohne vermißt zu werden.

Wie verabschiedet man sich jetzt? Gute Nacht und Behüt Sie Gott? Ob die Herren nicht mit hinaufkommen könnten, nur noch eine kleine Weile, um die Nacht zu verkürzen? Die beiden kommen mit. Sie sitzen in dem neonhellen kahlen Zimmer im neunten Stockwerk, trinken Tee, hören, reden, warten gemeinsam, bis es Tag ist.

Sie haben nichts weiter tun können, als wach bleiben. Es gibt kein Happy-End, keine freie Stelle im kirchlichen Dienst, der Schluß bleibt unbefriedigend.

Ulrich Günzel

97 fahrend bequem auf der Autobahn

Auch wer nicht dem »guten Stern auf allen Straßen« folgt, kann von der Autobahn A 81 aus bei Böblingen/Sindelfingen kaum das riesige Werksgelände dieser Nobelmarke übersehen. Fast meilenweit reiht sich, wie an der Schnur aufgereiht Auto an Auto, in allen Farben und Modellen.

Ich hatte gerade im Religionsunterricht meiner 10. Klasse das Thema »Arbeiten müssen – arbeiten dürfen (Soziale Gerechtigkeit)« behandelt und dabei eine eigenartige »Blutleere« erfahren. Weder die bisher gängigen Lehrpläne noch die Schulbücher können etwas von dem einfangen, was man »unsere moderne Arbeitswelt« nennt. Eher ist man in kirchlichen Kreisen stolz auf *Bischof Ketteler, Kolping* und *Rerum novarum*, als daß man sich den gegenwärtigen Problemen stellt und fragt, was denn das Evangelium für unsere Armen heute bedeuten könne.

Ganz anders mein Gesprächspartner, dem ich heute gegenübersaß. Er hat selber in jenem großen Automobilwerk gearbeitet, kennt sowohl das Milieu am Arbeitsplatz als auch die privaten Probleme der Arbeiter. Er hat sich eingelassen und Partei ergriffen. Als Betriebsseelsorger ist er ÖTV-Mitglied. Seine Erfahrungen und Reflexionen hat er in einem packenden Buch niedergelegt, das mich auf ihn aufmerksam gemacht hat. *(Paul Schobel*, Dem Fließband ausgeliefert. Ein Seelsorger erfährt die Arbeitswelt. Mit einem Nachwort von Franz Steinkühler, München/Mainz 1981). So erfuhr ich auch heute, was Schichtarbeit, Leistungsverdichtung, Freisetzung von Arbeitskräften und ähnliche Vokabeln aus dem Wörterbuch des Unmenschen konkret bedeuten. Mein Gesprächspartner spricht von der Sünde der Arbeitslosigkeit, von den in unserem System versteckten Struktursünden und bezieht eindeutig Position für die Schwächeren. Klar spricht er sich für die 35-Stunden-Woche aus; menschlich und christlich gesprochen: wir müssen das Teilen lernen. Wer im gegenwärtigen Machtkampf der Dumme sein wird, ist auch klar: Setzen sich die Arbeiter mit ihrer Forderung nach Einführung der 35-Stunden-Woche durch, wird es kaum ohne Lohneinbußen für die meisten gehen. Kompromisse hätten wohl kaum den gewünschten Effekt auf dem Arbeitsmarkt und würden vermutlich durch Rationalisierung aufgefangen. In einem drastischen Bild vergleicht er unsere Wirtschaft mit einem Kettenkarussell, bei welchem die Schwachen rausfliegen und die Starken sich um so heftiger festkrallen müssen.

Wieder auf der Autobahn, schalte ich das Radio ein und höre den Kommentar über eine Sitzung der *Deutschen Bischofskonferenz.* Eines der Hauptthemen sei das Problem der Arbeitslosigkeit gewesen. Fazit des Kommentators: Die Bischöfe wollten sich aus den augenblicklichen Machtkämpfen heraushalten und dafür versuchen, konkrete Härten bei den Betroffenen zu mildern; hier hätten auch die Kirchengemeinden schon eine ganze Menge getan.

Bertold Brechts Gedicht »Fahrend in einem bequemen Wagen« schließt mit den Zeilen: »Als ich plötzlich erschrak über diese meine Stimme. Dies mein Verhalten und diese ganze Welt.«

Helmut Kurz

98 blühende Hoffnung

»Schon ist die Axt an die Wurzel der Bäume gelegt. Jeder Baum, der keine Frucht bringt, wird umgehauen und ins Feuer geworfen« (Lk 3, 9).

Bild des Untergangs,

entwurzelte Wurzeln
gefällte Kraft
verlorener Halt

Niedergang vergangener Herrlichkeit

Tragödie vom Ende
verdorrte Hoffnung
getötete Zukunft

STUMPF

»Doch wächst hervor ein Reis aus Jesaias Stumpf, ein Zweig bricht aus seinen Wurzeln hervor« (Jes 11, 1).

Bild des Lebens

Wurzeln schlagen aus
sie dringen in die Tiefe ein
um zur Höhe zu drängen
sie finden Halt

Neubeginn kraftvoller Herrlichkeit

Geheimnis des Anfangs
blühende Hoffnung
lebendige Zukunft

REIS

»Zwischen der Straße der Stadt und dem Strom stehen Bäume des Lebens. 12mal tragen sie Früchte, jeden Monat einmal, und die Blätter dienen zur Heilung der Völker (Off 22, 2).

Bild der Vollendung

Wurzeln wachsen auf Entfaltung hin
zum Reis
zum Stamm
zum Zweig
zum Blatt
zur Knospe
zur Frucht

Sie halten sich fest
wachsen
blühen
reifen zum

BAUM

Freu Dich!
Die Zukunft hat Chance
Das Wort ist unterwegs zu Dir.

Freu Dich!
Die Hoffnung treibt Blüten,
das All drängt nach Empfängnis.

Freu Dich!
Du siehst den Grund
und Deine Wurzeln wachsen in den Himmel.

Freu Dich!
Gott ist aus sich
herausgegangen.
Seitdem ist Leben,
Gnade, Liebe,
Friede.

Freu Dich!

Johanna Kneer

99 wer sich hingibt, empfängt

Herr, mach mich zum Werkzeug deines Friedens,
daß ich liebe, wo man haßt;
daß ich verzeihe, wo man beleidigt;
daß ich verbinde, wo Streit ist;
daß ich die Wahrheit sage, wo Irrtum ist;
daß ich Glauben bringe, wo Zweifel droht;
daß ich Hoffnung wecke, wo Verzweiflung quält;
daß ich Licht entzünde, wo Finsternis regiert;
daß ich Freude bringe, wo der Kummer wohnt.
Herr, laß mich trachten,
nicht, daß ich getröstet werde, sondern daß ich tröste;
nicht, daß ich verstanden werde, sondern daß ich verstehe;
nicht, daß ich geliebt werde, sondern daß ich liebe.
Denn wer sich hingibt, der empfängt;
wer sich selbst vergißt, der findet;
wer verzeiht, dem wird verziehen;
und wer stirbt, der erwacht zum ewigen Leben.

aus Frankreich

Autoren-verzeichnis

Fritz Andreae, * 1912 in Frankfurt/M. – Bis 1976 Professor für Katholische Theologie und Didaktik des Religionsunterrichts an der Erziehungswissenschaftlichen Hochschule in Koblenz.

Hedwig Bach (Dr. phil), Ordensfrau und Schulleiterin in Boppard, Borromäerin in St. Carolus, Boppard.

Leo Bach, * 1938 in Geisfeld/Hunsrück. – Grundschulleiter in Neumagen-Dhron. – Bezirkskatechet für den Bereich Mittelmosel im Bistum Trier.

Jochen Bartsch, * 1906 in Striegau/Schlesien. – Maler und Graphiker.

Georg Baudler (Dr. phil.), * 1939 in Eggenfelden/Niederbayern. – Professor für Katholische Theologie und ihre Didaktik an der Pädagogischen Fakultät der Rheinisch-Westfälisch-Technischen Hochschule in Aachen.

Benedikt von Nursia, * um 480 in Nursia (Norcia). – † 547 in Montecassino. – Begründer des abendländischen Mönchtums.

Gottfried Benn, * 1886 in Mansfeld/Westprignitz. – † 1956 in Berlin. – Dichter und Arzt. – In seinen Essays rechtfertigt er seinen absoluten Glauben an die formale Kraft der Kunst; die Novellen behandeln meist philosophische Themen.

Werner Bergengruen, * 1892 in Riga. – † 1964 in Baden-Baden. – Schriftsteller, der häufig historische Stoffe mit religiöser Thematik behandelt.

Otto Betz (Dr. theol.), * 1927 in Frankfurt/M. – Professor für Erziehungswissenschaft und Religionspädagogik an der Universität Hamburg.

Margot Bickel, * 1958 in Lahr. – Schriftstellerin in Gundelfingen bei Freiburg i. Br.

Gottfried Bitter CSSp (Dr. theol.), * 1936 in Wevelinghoven. – Professor für Religionspädagogik an der Katholisch-Theologischen Fakultät der Universität Bonn.

Bernhard Book, * 1928 in Fürstenberg. – Oberstudiendirektor im Kirchendienst. – Leiter der religionspädagogischen Abteilung im Bischöflichen Generalvikariat in Münster.

Martin (Mordechai) Buber, * 1878 in Wien. – † 1965 in Jerusalem. – Jüdischer Religionsforscher und Religionsphilosoph. – Übersetzte das Alte Testament ins Deutsche.

P. Cornelis, Zwei Eisblöcke.

Madeleine Delbrêl, * 1904 in Mussidan/Dordogne. – † 1964 in Ivry/Frankreich. – Schriftstellerin. – Tätigkeit in der kirchlichen und staatlichen Sozialarbeit in Ivry bei Paris, einer Hochburg des Marxismus und Atheismus. – Eine der bedeutendsten Frauen unseres Jahrhunderts: Modell des Christen der Zukunft.

Alfred Delp, * 1907 in Mannheim. – + 1945 in Berlin-Plötzensee hingerichtet. – Katholischer Theologe und Soziologe. – Mitarbeiter der »Stimmen der Zeit«. – Mitarbeit am Entwurf einer christlichen Sozialordnung für Deutschland. – 1944 verhaftet und vom Volksgerichtshof zum Tode verurteilt.

Friedrich Dietz, * 1921 in Hünfeld/Hessen. – Leiter der Abteilung Schule-Hochschule-Medien im Bischöflichen Generalvikariat in Fulda.

Ferdinand Ebner, * 1882 in Wiener Neustadt. – † 1931 in Gablitz bei Wien. – Volksschullehrer und Philosoph.

Theodor Eggers (Dr. paed.), * 1943 in Emsdetten. – Hochschulassistent für Religionspädagogik an der Universität-Gesamthochschule Duisburg.

Michael Ende * 1929. – Jugendbuchautor. – Lebt seit 1971 südlich von Rom.

Winfried Engel, * 1947 in Hünfeld/Hessen. – Studiendirektor im Kirchendienst. – Referent für Relionsunterricht an Gymnasien und Leiter des Referats Medien im Bischöflichen Generalvikariat in Fulda.

Hans Magnus Enzensberger, * 1929 in Kaufbeuren. – Schriftsteller, Übersetzer und Hörspielautor. – Seine Lyrik ist geprägt von einer schmucklosen, klaren Gegenwartssprache.

Friedrich Wilhelm Foerster, * 1869 in Berlin. – † 1966 in Kilchberg bei Zürich/Schweiz. – Deutscher Erziehungswissenschaftler und Politiker. –

Nahm in seinen ethisch rigorosen, christlich und pazifistisch fundierten Schriften entschieden Stellung gegen die Trennung von Recht und Macht.

Alfred Frenes (Dr. theol.), * 1928 in Bruneck/Südtirol. – Professor für Katechetik an der Philosophisch Theologischen Hochschule in Brixen/Südtirol.

Günter Bruno Fuchs, * 1928 in Berlin. – † 1977 in Berlin. Lyriker und Prosaist, der hinter seinen märchenhaften Versen und Texten Zeitkritik versteckt.

Josef Groß, * 1929 in Bubach/Saar. – Regionaldekan der Region Schaumberg-Blies im Bistum Trier.

Andreas Gryphius, * 1616 in Glogau. – † 1664 in Glogau. – Bedeutendster Dichter des Hochbarock.

Romano Guardini, * 1885 in Verona/Italien. – † 1968 in München. – Deutscher katholischer Theologe und Religionsphilosoph italienischer Herkunft. – 1952 Friedenspreis des Deutschen Buchhandels.

Ulrich Günzel, * 1943 in Breslau/Schlesien. – Religionspädagoge. – Abteilungsleiter im Erzbischöflichen Generalvikariat in Köln.

Willi Habermann, * 1922 in Neu-Ulm. – Während der Hitlerdiktatur illegale Arbeit in der Nähe der Geschwister Scholl. – Studium der Germanistik, Philosophie, Geschichte und des Französischen. – 1964 bis 1976 Leiter der Volkshochschule Bad Mergentheim.

Theodor Haecker, * 1879 in Eberbach/Hohenlohekreis. – † 1945 in Usterbach bei Augsburg. – Deutscher philosophischer Schriftsteller, Essayist und Kulturkritiker. – 1921 unter Einfluß Kardinal John Henry Newmans zum Katholizismus konvertiert.

Leopold Haerst, * 1949 in Rodenkirchen bei Köln. – Referent für Gemeindekatechese beim Deutschen Katecheten-Verein in München.

Ulla Hahn, * 1946 in Brechthausen/Sauerland. – Studium der Literaturwissenschaft, Geschichte und Soziologie. – Seit 1979 Redakteurin in der Kulturabteilung bei Radio Bremen.

Valentin Hertle (Dr. theol.), * 1929 in Megesheim/Ries. – Professor für Religionspädagogik am Fachbereich Religionspädagogik der Katholischen Universität Eichstätt.

Elisabeth Hillmann, Wir können dich nicht begreifen.

Jutta Hiltenkamp, * 1957 in Essen. – Lehramtsanwärterin der Sekundarstufe I für Kunsterziehung und Textilgestaltung.

Wilhelm Holtmann (Dr. theol.), * 1929 in Mülheim/Ruhr. – Schulreferent des Kirchenkreises Trier der Evangelischen Landeskirche im Rheinland. – Lehrbeauftragter für Evangelische Theologie an der Universität Trier und an der Erziehungswissenschaftlichen Hochsch. Rheinland-Pfalz, Abteilung Koblenz.

Bernhard Jendorff (Dr. phil.), * 1940 in Frankfurt/M. – Professor für katholische Religionspädagogik an der Justus-Liebig-Universität in Gießen.

Jesaja, 740–701 vor Christi Geburt in Jerusalem. – Prophet des Alten Testaments.

Eberhard Jüngel (Dr. theol.), * 1934 in Magdeburg. – Pfarrer der evangelischen Kirche Berlin-Brandenburg. – Seit 1969 Professor für Systematische Theologie in Tübingen.

Max Eugen Kemper (Dr. theol.), * 1938 in Neheim-Hüsten. – Referent in der Zentralstelle Bildung der Deutschen Bischofskonferenz.

Franz Josef Kett, * 1933 in München. – Dozent an einer Fachakademie für Sozialpädagogik. – Fortbildung im Elementarbereich. – Herausgeber der Zeitschrift »Religionspädagogische Praxis«.

Walter Kettler, * 1936 in Gräfelfing. – Diplomtheologe. – Referent für religiöse Elementarerziehung an der Sozialpädagogischen Abteilung des Instituts für Lehrerfort- und -weiterbildung (ILF) Mainz.

Hermann Kirchhoff (Dr. theol.), * 1926 in Herbede/Ruhr. – Professor für Religionspädagogik an der Pädagogischen Fakultät der Rheinisch-Westfälisch-Technischen Hochschule in Aachen.

Maria Klinke, * 1921 in Gelsenkirchen. – Diözesanreferentin i. R. – Frauenreferat der Hauptabteilung Seelsorge im Bischöflichen Generalvikariat Münster.

Johanna Kneer, * 1936 in Ulm. – Diözesanreferentin für Gemeindereferenten(innen) und Religionslehrer(innen). i. K. in der Diözese Rottenburg-Stuttgart.

Hermine König, * 1933 in Bensberg. – Bis 1982 Redakteurin der Zeitschrift »Welt des Kindes«. – Zur Zeit publizistisch tätig.

Karl Heinz König, * 1930 in Bergisch Gladbach. – Fachbereichsleiter der Sozialpädagogischen Abteilung des Instituts für Lehrerfort- und -weiterbildung (ILF) Mainz. – Veröffentlichungen im Bereich der Gemeindekatechese.

Kohelet, 3. Jahrhundert vor Christi Geburt. – Kein Eigenname, sondern wohl eher Bezeichnung für das Amt eines Versammlungsleiters oder Predigers in Israel. – Der Deckname hat dem zur Weisheitsliteratur gehörenden Koheletbuch seinen Namen gegeben.

Leszek Kolakowski, * 1927 in Random/Polen. – Polnischer Philosoph. – Seit 1970 Forschungstätigkeit in Oxford/England. – Erhielt 1977 den Friedenspreis des Börsenvereins des Deutschen Buchhandels.

Janusz Korczak, * 1878 in Warschau. – † 1942 in Treblinka. – Polnischer Arzt und Pädagoge. – Kinderbuchautor.

Willi Krah, * 1935 in Essen. – Referent für Religionspädagogik im Bischöflichen Generalvikariat Hildesheim.

Hans Künzler (Dr. jur.), * 1922 in Zürich. – Lebt als freier Schriftsteller in Zug/Schweiz.

Günter Kunert, * 1929 in Berlin. – Lyriker aus der DDR. – Lebt seit 1979 in der Bundesrepublik Deutschland.

Helmut Kurz, * 1938 in Blaufelden. – Fachleiter für Katholische Religionslehre am Staatlichen Seminar für Schulpädagogik (Gymnasien) in Tübingen.

Günther Lange (Dr. theol.), * 1932 in Borgentreich bei Warburg/W. – Professor für Religionspädagogik an der Universität-Gesamthochschule Duisburg. – Schriftleiter der »Katechetischen Blätter«.

Wolfgang Langer (Dr. theol.), * 1934 in Breslau. – Ordentlicher Professor für Religionspädagogik und Katechetik an der Katholisch-Theologischen Fakultät der Universität Wien.

Heinz Laubenthal, * 1938 in Mayen/Eifel. – Berufsschul-Religionslehrer.

Marielene Leist (Dr. phil.), * 1925 in Köln. – Psychoanalytikerin.

Heinrich Lillig (Dr. theol.), * 1939 in Bergen/Saar. – Religionslehrer am Werner-Heisenberg-Gymnasium in Neuwied. – Studium der Theologie und Psychologie.

Meinrad Limbeck (Dr. theol.), * 1934 in Backnang/Württemberg. – Akademischer Rat für Biblische Sprache an der Katholisch-Theologischen Fakultät der Universität Tübingen.

Gertrud Lorenz, * 1925 in Stuttgart. – Katechetin bei geistigbehinderten Kindern. – Freiberuflich bei Fortbildungen von Erzieherinnen in Kindertagesstätten und Lehrkräften von Geistigbehinderten tätig.

Emil Martin (Dr. phil.), * 1923 in Worms. – Leiter der religionspädagogischen Abteilung des Kösel-Verlags in München.

Thomas Merton, * 1915. – † 1969 während eines Indienaufenthaltes. – Nach seiner Konversion Eintritt in ein Trappistenkloster in den USA.

Gabriele Miller (Dr. theol. h. c.), * 1923 in Winzingen, Kreis Göppingen. – Religionspädagogin. – Studiendirektorin im Amt für Öffentlichkeitsarbeit der Diözese Rottenburg-Stuttgart.

Alfred Müller-Felsenburg, * 1926 in Bochum. – Schriftsteller.

Wolfgang Nastainczyk (Dr. theol.), * 1932 in Leobschütz/Oberschlesien. – Professor für Religionspädagogik und Katechetik an der Katholisch-Theologischen Fakultät der Universität Regensburg.

Hermann Josef Perrar (Dr. theol.), * 1939 in Birkesdorf bei Düren/Rheinland. – Dozent am Institut für Lehrerfortbildung in Essen-Werden.

Hugo Rahner, * 1900 in Pfullendorf. – † 1968 in München. – Deutscher katholischer Theologe und Jesuit. – Bedeutender Vertreter eines christlichen Humanismus.

Otto Riedel, * 1930 in Berlin. – Regens des Priesterseminars und Personalreferent für Priester und Diakone.

Hubert Ries, * 1939 in Trier. – Religionspädagoge im Katechetischen Institut des Bistums Trier.

Antoine de Saint-Exupéry, * 1900 in Lyon/Frankreich. – † 1944 von einem Aufklärungsflug von Korsika aus nicht zurückgekehrt. – Sein eigentlicher Name Marie Roger Graf von Saint-Exupéry. – Französischer Schriftsteller, der sich gegen eine sinnlos mechanisierte Zivilisation wendet. – Nach ihm ist sinnvolles Leben Dienst am Menschen.

Margot Saller (Dr. theol.), * 1928 in München. – Professorin für Dogmatik und Religionspädagogik am Fachbereich Religionspädagogik der Katholischen Universität Eichstätt.

Ralf Sauer (Dr. phil.), * 1928 in Hamburg. – Professor für Religionspädagogik an der Universität Osnabrück.

Karl Heinz Schmitt, * 1943 in Holzheim/Neuss. – Professor für Erziehungswissenschaft (Erwachsenenbildung und Gemeindekatechese) an der Katholischen Fachhochschule Nordrhein-Westfalen, Abteilung Paderborn. – Vorsitzender des Deutschen Katecheten-Vereins.

Wolfdietrich Schnurre, * 1920 in Frankfurt/M. – Schriftsteller und Mitbegründer der »Gruppe 47«.

Ernst Schnydrig, * 1912 in Grachen/Schweiz. – † 1978 in Freiburg i. Br. – Priester, Lehrer und Leiter eines Studienhauses in St. Gallen. – Seit 1952 im Deutschen Caritasverband als Publizist tätig.

Alwin Schoden, * 1941 in Differten. – Lehrer für Grund- und Hauptschulen. – Referent für Aus-, Fort- und Weiterbildung in der Schulabteilung des Bistums Limburg.

Ursula Schöberl, * 1943 in Bremen. – Lebt in Lahnau/Atzbach. – Lehrerin für Gesellschaftslehre und katholische Religion an einer integrierten Gesamtschule.

Leo Schwarz, * 1931 in Braunweiler. – Weihbischof von Trier.

William Shakespeare, * 1564 wahrscheinlich in Stratford-upon-Avon/England. – † 1616 in Stratford-upon-Avon/England. – Englischer Dichter und Dramatiker.

Manfred Siebenkotten, * 1930 in Münster. – Referent für Religionspädagogik im Bischöflichen Generalvikariat Münster.

Dorothee Sölle, * 1926 in Köln. – Evangelische Theologin und Literaturwissenschaftlerin. – Bekannt durch den von ihr mit F. Steffensky 1969 in Köln ins Leben gerufenenen Arbeitskreis »Politisches Nachtgebet«.

Heinrich Spaemann, * 1903. – Seelsorger an einem psychiatrisch-neurologischen Hospital.

Günter Stachel (Lic theol. – Dr. phil.), * 1922 in Leipzig. – Professor für Religionspädagogik/Katechetik am Fachbereich Katholische Theologie der Universität in Mainz.

Willi Stengelin, * 1932 in Tuttlingen. – Dozent für Religionspädagogik und Katechetik am Erzbischöflichen Priesterseminar in München-Freising.

Erich Strick, * 1920 in Wallhausen, Kreis Kreuznach. – Domkapitular und Chefredakteur der Aachener Kirchenzeitung.

Eva Strittmatter, * 1930 in Neuruppin. – Verheiratet mit Schriftsteller Erwin Strittmacher. – Lebt in Schulzendorf, Kreis Gransee/Mark Brandenburg (DDR).

Franz Trautmann (Dr. theol.), * 1939 in Königshuld/Oberschlesien. – Professor für Katholische Theologie/Religionspädagogik an der Pädagogischen Hochschule Schwäbisch Gmünd.

Werner Trutwin, * 1929 in Essen. – Oberstudiendirektor am städtischen Heinrich-Herz-Gymnasium in Bonn.

Tschuang Tse, 4. Jahrhundert vor Christi Geburt. – Sein eigentlicher Name lautet Chuang Chou. – Chinesischer Philosoph und Dichter.

Dieter Wagner, * 1941 in Fulda. – Schulrat im Kirchendienst. – Referent für Religionsunterricht an Grund- und Sonderschulen und stellvertretender Abteilungsleiter im Bischöflichen Generalvikariat in Fulda.

Silja Walter, Benediktinerin.

Christoph Martin Wieland, * 1733 in Oberholzheim (= Achstetten bei Biberach). – † 1813 in Weimar. – Deutscher Dichter der Aufklärung und des Humanismus.

Wilhelm Willms, * 1930 in Rurdorf bei Linnich. – Pfarrer in Heinsberg bei Aachen. – Mitglied der europäischen Autorengemeinschaft »die kogge«.

Norbert Weidinger, * 1948 in Würzburg. – Referent für Religionspädagogik beim Deutschen Katecheten-Verein in München.

Alfons Weiser SAC, * 1934 in Wölfelsgrund/Schlesien. – Professor für Neutestamentliche Exegese an der Theologischen Hochschule der Pallottiner in Vallendar bei Koblenz.

Enno Wolters, * 1916 in Papenburg/Ems. – Oberstudiendirektor i. R. in Wiesbaden.

Quellennachweis

1 Werner Trutwin, einer, der nach sich selber fragt
2 Günter Lange, schwer zu definieren
3 Aus: Günter Kunert, Bericht über ihn, in: ders., Der ungebetene Gast, Aufbau-Verlag, Berlin und Weimar 1965, o. S. – Ausgesucht von *Martin Fritz*, Magdeburg (DDR)
4 Aus: Ulla Hahn, Bekanntschaft, in: dies., Spielende. Gedichte, Deutsche Verlagsanstalt GmbH, Stuttgart 1983, S. 44. – Ausgesucht von *Heribert Kloos CSSp*, München
5 Walter Kettler, durch den Tod findet er Leben
6 Otto Betz, erfahren mit den Sinnen; dazu Text aus: Michael Ende, Der wirkliche Apfel. Hommage an Jacques Prévert, in: ders., Die Schattennähmaschine, mit Bildern von Binette Schroeder, Thienemann-Verlag, Stuttgart 1982, S. 11
7 Hermann Kirchhoff, einer, der lachen kann
8 Aus: Romano Guardini, Über das Wesen des Kunstwerks, Rainer Wunderlich Verlag, Hermann Leins, Tübingen 1962^8, S. 30f. – Ausgesucht von *Josef Meller*, Speyer
9 Aus: Hugo Rahner, Der spielende Mensch, Johannes Verlag, Einsiedeln 1978^8, S. 28ff. – Ausgesucht von *Frank Nesselhauf*, Baden-Baden
10 Ralph Sauer, auf Spuren der Engel; dazu Text aus: William Shakespeare, Der Kaufmann von Venedig, 5. Aufzug, 1. Szene.
11 Dieter Wagner, wie eine Kerze
12 Aus: Thomas Merton, Sein und Tun, in: Keiner ist eine Insel. Betrachtungen, Benziger Verlag Köln 1979, S. 117ff. – Ausgesucht von *Willi Hengel*, Rottenburg
13 Aus: O, großer Geist. Gebet der Sioux, Kalenderblatt – Ausgesucht von *Elmar Gruber*, München
14 Aus: Friedrich Dietz, Menschenwürde, in: ders., In den Tag gesagt. Gedanken zum Bedenken. Erlebnis Glaube. Fuldaer Schriften für Schule und Leben. Herausgegeben von der Abteilung Schule-Hochschule-Medien im Bischöflichen Generalvikariat Fulda 1980, S. 45ff.
15 Aus: Leszek Kolakowski, Bileam oder das Problem der objektiven Schuld, in: ders., Der Himmelsschlüssel. Erbauliche Geschichten. Aus dem Polnischen übersetzt von Wanda Bronska – Pampuch, Bibliothek Suhrkamp, Suhrkamp Verlag, Frankfurt/M. 1973, 12.–15. Tausend, S. 37 – © R. Piper & Co. Verlag, München 1965. – Ausgesucht von *Martin Cremer*, München
16 Aus: Madeleine Delbrêl, Wir Nachbarn der Kommunisten. Diagnosen. Mit einer Einführung von Jacques Loew. Übersetzt von Hans Urs von Balthasar, in: Theologia Romanica VII, Johannes Verlag, Einsiedeln 1975, S. 67ff. – Ausgesucht von *Dr. Margarete Niggemeyer*, Osnabrück
17 Aus: Norbert Weidinger, Neue Formen der Jugendliturgie. Herausgegeben vom Deutschen Katecheten-Verein, Matthias-Grünewald-Verlag, Mainz 1983, S. 36
18 Alwin Schoden, von Herzen erwünschen
19 Alfons Weiser, sich bewegen lassen
20 Aus: Friedrich Wilhelm Foerster, Lebensführung, Vereinigung wissenschaftlicher Verleger, Walter des Gruyter & Co., Berlin/Leipzig 1920, Neue Ausgabe, 88.–97. Tausend, S. 3f. – Ausgesucht *Norbert Knobloch*, Trier
21 Aus: Ernst Schnydrig, Warum, warum bist du nicht Susja gewesen? Knecht-Verlag, Frankfurt/M. 1972, S. 8f. – Ausgesucht von *Heinrich Schmitt*, Freiburg i. Br.
22 Aus: Theodor Haecker, Tag und Nachtbücher, Hegener Bücherei, Olten 1948, S. 37; 135f.; 291. – Ausgesucht von *Theobald Drocur*, Siersburg

23 Aus: Antoine de Saint-Exupéry, Die Stadt in der Wüste, Karl Rauch Verlag, Düsseldorf 1969, S. 79. – Ausgesucht von *Isolde Maier*, Stuttgart
24 P. Cornelis, Zwei Eisblöcke, in: Damit das Leben gelingen kann. Herausgegeben von Paul Jakobi, Matthias-Grünewald-Verlag, Mainz 1981, S. 11. – Ausgesucht von *Konrad Josef Amann*, Passau
25 Fritz Andreae, Salz und Licht sein
26 Heinrich Lillig, durch Jesus sich selber finden
27 Tschuang Tse, Bogen schießen, zitiert nach: Walter Kettler, Von Gott und Jesus im Kindergarten reden, Institut für Lehrerfort- und -weiterbildung, Mainz 1979, S. 94. – Ausgesucht von *Franz Wendel Niehl*, Trier
28 Bernhard Jendorff: den Dienst des Herrn einüben; dazu Text aus: Benedikt von Nursia, Ordensregel der Benediktiner, zitiert nach: Georg Holzherr, Die Benediktsregel. Eine Anleitung zum christlichen Leben, Benziger Verlag, Zürich-Einsiedeln-Köln 1980, S. 28 f., 56 f. und 257
29 Elisabeth Hillmann, Gebet, in: Rundbrief für charismatische Erneuerung in der katholischen Kirche, Heft 4 (1980), Passau. – Ausgesucht von *Bischof Dr. Bernhard Stein*, Trier
30 Wolfgang Langer, nur zwei Dinge; dazu Text aus: Gottfried Benn, Das Hauptwerk. Erster Band: Lyrik. Herausgegeben von Marguerite Schlüter, Limes Verlag, Wiesbaden 1980
31 Aus: Norbert Lohfink, Das Siegeslied am Schilfmeer, Josef Knecht Verlag, Fankfurt/M. 1965, S. 222 f. – Ausgesucht von *Rudi Briel*, Freiburg i. Br.
32 Jutta Hiltenkamp, woher. . ., in: Rheinischer Merkur 23 (1976), S. 16. – Ausgesucht von *Rudolf Becker*, Paderborn
33 Aus: Alfred Delp, »Gesammelte Schriften«, Band 4, Josef Knecht Verlag, Frankfurt/M. 1981^{11}, S. 202 f. – Ausgesucht von *Dr. Hubert Fischer*, München
34 Aus: Ernst Kappler, Es schreit in mir. Briefdokumente junger Menschen, Kösel-Verlag, München 1980, Lizenzausgabe für die Bundesrepublik Deutschland mit Genehmigung des Verlags AARE, Solothurn © by Ex Libris Verlag, Zürich und Verlag AARE, Solothurn 1979, S. 342. – Ausgesucht von *Josef Weingarten*, Montabaur

35 Aus: Martin Buber, Das Buch der Preisungen. Verdeutscht von Martin Buber, Jakob Hegner Verlag, Köln/Olten o. J., S. 37 f. – Ausgesucht von *Marianne Quadflieg*, Trier
Aus: Willi Habermann, Du bist mein Freund. Psalmen schwäbisch gebetet, J. F. Steinkopf Verlag, Stuttgart 1982, S. 23. – Ausgesucht von *Eleonore Beck*, Tübingen

36 Franz Josef Kett, dann such ich einen Menschen
37 Aus: Margot Bickel, Geh Deinen Weg, Herder Verlag, Freiburg i. Br. 1983, o. S. – Ausgesucht von *Doris Ruppert*, Stuttgart und *Peter A. Scherer*, Stuttgart
38 Werner Bergengruen, die himmlische Rechenkunst, in: Frankfurter Zeitung 1942. – Ausgesucht von *Veronika Wagner*, Künzell
39 Marielene Leist, Trost auch für uns
40 Leopold Haerst, das erlösende Wort; dazu Text aus: Weisung in Freude. Aus der jüdischen Überlieferung. Textauswahl von Gisela Hommel, Herder Verlag, Freiburg i. Br. 1978; sowie Ferdinand Ebner, Tagebuchnotiz vom 28. Juli 1921, in: Ebner-Schriften, Band II. Herausgegeben von Franz Seyr, Kösel-Verlag, München 1963, S. 274 f. und Die Erzählungen der Chassidim, in: Buber-Schriften, Band III, Kösel-Verlag, München und Lambert-Schneider-Verlag, Heidelberg 1963, S. 331
41 Karl Heinz König, Hoffnung
42 Gertrud Lorenz, Du Gott
43 Hermine König, Kinderlied unter der Kniebeuge
44 Aus: Heinrich Spaemann, Orientierung am Kinde, Patmos-Verlag, Düsseldorf 1967, S. 30 und 53 f. – Ausgesucht von *Dr. Hildegard Bogerts*, Gusterath
45 Emil Martin, glückliche Erinnerung

46 Margot Saller, der Mut andere zu lehren; dazu Text aus: Christoph Martin Wieland, zitiert nach: Heinrich Bock (Hrsg.), Wieland-Lesebuch, Frankfurt/M. 1983 (it 729), S. 18
47 Leo Bach, wie ein fröhlicher Steuermann.
48 Hermann Josef Perrar, ein hörendes und weites Herz
49 Aus: Michael Ende, Momo, Buchclub Ex libris Zürich 1977, © K. Thienemanns Verlag, Stuttgart 1973, S. 35f. – Ausgesucht von *Dr. Joseph Nero,* Luxemburg-Weimershof
50 Aus: Hans Künzler, der Weg des Wunderknaben, in: Orientierung, Zürich, 39 Jg. (1975), S. 73. – Ausgesucht von *Wolfgang Lentzen-Deis*, Trier
51 Enno Wolters, stehen bleiben – warten können
52 Günter Stachel, der Mann im Leiterwagen; dazu Text aus: Günter Bruno Fuchs, Leiterwagen, zitiert nach: Börsenblatt für den Deutschen Buchhandel, 34, vom 29. April 1977
53 Desiderata. Aus der alten St. Pauls Kirche, Baltimore von 1692. – Ausgesucht von *Horst-Dieter Noll*, Kenn
54 Max Eugen Kemper, unsere Armut an Zeit
55 Otto Riedel, mit Jesu Augen sehen lernen
56 Andreas Gryphius, Mein sind die Jahre, zitiert nach: Mein liebes altes Lesebuch. Herausgegeben von Rudolf Wiemer, Marion von Schröder Verlag, Hamburg 1966, S. 321. – Ausgesucht von *Marianne Quadflieg*, Trier
57 Aus: Erich Strick, Worte mit doppeltem Boden, in: Aachener Kirchenzeitung vom 8. 1. 1984
58 Aus: Eva Strittmatter, Nachts, in: dies., Die eine Rose überwältigt alles. Gedichte, Aufbau-Verlag, Berlin/Weimar 1977, S. 69. – Ausgesucht von *Franz Georg Friemel*, Erfurt
59 Aus: Wolfdietrich Schnurre, Der Schattenfotograf. Aufzeichnungen, Paul List Verlag, München 1978, S. 84ff. – Ausgesucht von *Marianne Quadflieg*, Trier
60 Gottfried Bitter, Fahrt in den Morgen
61 Jochen Bartsch, fernwärts
62 Valentin Hertle, wenn nichts mehr geht, dann gehen
63 Aus: Martin Buber, Die Erzählungen der Chassidim, Manesse-Verlag, Zürich 1949, S. 351 ff. – Ausgesucht von *Dr. Michael Raske*, Erzhausen
64 Aus: Janusz Korczak, Allein mit Gott. Gebete eines Menschen, der nicht betet, GTB-Siebenstern, Gütersloher Verlagshaus Gerd Mohn, Gütersloh 1981², zitiert nach: Christine Freund, Die ganze Schöpfung war Gesang, Kiefel Verlag, Wuppertal, S. 24. – Ausgesucht von *Dorothee Weber*, Fulda
65 Gabriele Miller, seht – welch ein Mensch!
66 Viertes Hochgebet, S. 504 f. – Ausgesucht von *Dr. Eduard Nagel*, Konz
67 Aus: Bernhard Book, Maria Klinke, Manfred Siebenkotten, Eucharistie. Brot zum Leben. Hinführung zur Erstkommunion in Familie und Gemeinde. Handreichung für die Eltern, Verlag Butzon & Bercker, Kevelaer 1983, S. 7f.
68 Winfried Engel, Mensch geworden
69 Alfred Müller-Felsenburg, was wäre gewesen?
70 Alfred Frenes, Weihnachten ist mehr...
71 Präfation von Weihnachten III. Der wunderbare Tausch. – Ausgesucht von *Hedwig Jarmußkiewicz*, Berlin
72 Georg Baudler, zur Mensch-Werdung Gottes und des Menschen
73 Aus: Eberhard Jüngel, Was ist das unterscheidend Christliche?, in: ders.: Unterwegs zur Sache. Theologische Bemerkungen, Kaiser-Verlag, München 1972, S. 299. – Ausgesucht von *Winfried Nonhoff*, München
74 Josef Groß, dem Sünder verbunden
75 Theodor Eggers, um Gottes willen
76 Wilhelm Holtmann, betend die Welt verändern
77 Franz Trautmann, unser vater-unser
78 Aus: Pastoralkonstitution »Die

Kirche in der Welt von heute« (Gaudium et spes), in: Karl Rahner/Herbert Vorgrimmler, Kleines Konzilskompendium. Alle Konstitutionen, Dekrete und Erklärungen des Zweiten Vaticanums in der bischöflich genehmigten Übersetzung, Herder-Bücherei Nr. 270–273, Verlag Herder, Freiburg, Basel, Wien 1969[6], S. 456ff. – Ausgesucht von *Gerhard Jakob*, Trier

79 Aus: Religion in der Hauptschule 7. Herausgegeben von Willi Stengelin und Ludwig Volz, Kösel-Verlag, München 1980, S. 68f.

80 Aus: Silja Walter, Gebet des Klosters am Rande der Stadt, in: Das Kloster am Rande der Stadt, Verlag »Die Arche«, Zürich 1981[2]. – Ausgesucht von *Hans Diekmann*, Hildesheim

81 Willi Krah, der Weisung treu; dazu Text aus: Antoine de Saint-Exupéry, Der kleine Prinz, Karl Rauch Verlag, Düsseldorf 1974, S. 47ff.

82 Aus: Hans Magnus Enzensberger, »Ungeduldig«. Kalenderblatt. – Ausgesucht von *Helga Stößel*, Bamberg

83 Aus: Dorothee Sölle, Sympathie. Theologisch-politische Traktate, Kreuz Verlag, Stuttgart 1978, S. 305. – Ausgesucht von *Gerhard Jost*, Dackscheid

84 Meinrad Limbeck, nur treu sollten wir sein

85 Heinz Laubenthal, un-tragbar. Gedanken zu einem an-stößigen Text der Bibel

86 Klasse 8 der Friedrich-Ebert-Schule, Frankfurt/M., Liebe ist . . . – Ausgesucht von *Dorothee Fischer*, Frankfurt/M.

87 Karl Heinz Schmitt, Zustimmung des Herzens; dazu Text aus: Martin Buber, Die Söhne, in: Die Erzählungen der Chassidim, Manesse-Verlag, Zürich 1949, S. 795 sowie Apostolisches Schreiben »Evangelii nuntiandi« Seiner Heiligkeit Papst Pauls VI. an den Episkopat, den Klerus und alle Gläubigen der Katholischen Kirche über die Evangelisierung in der Welt von heute. 8. Dezember 1975, in: Verlautbarungen des Apostolischen Stuhls Nr. 2. Herausgegeben vom Sekretariat der Deutschen Bischofskonferenz, Bonn o. J. Nr. 21 und 23.

88 Aus: Zielfelder ru 7/8. Katholischer Religionsunterricht 7./8. Schuljahr. Ausgabe A: Hauptschule. Herausgegeben vom Deutschen Katecheten-Verein, Kösel-Verlag, München 1977, S. 68. – Ausgesucht von *Oswald Traudes*, Wiesbaden

89 Aus: Ursula Schöberl, Credo 8, Kösel-Verlag, München, S. 56. – Ausgesucht von *Norbert Schweikert*, Mainz

90 Hedwig Bach, Brückenschlag. Bildmeditation, Kunstverlag Maria Laach, Nr. M 1927. – Ausgesucht von *Hermann Schimmel*, Altenkirchen

91 Aus: Maria Maresch, Elisabeth von Thüringen, Schutzfrau des deutschen Volkes. Übersetzung aus dem lateinischen Original. Verlag der Buchgemeinde, Religiöse Schriftenreihe, Band 7, Bonn 1931, S. 199f. – Ausgesucht von *Dr. Anton Arens*, Trier

92 Hubert Ries, An Bischof Hermann Josef

93 Wolfgang Nastainczyk, Gebet eines Religionslehrers

94 Aus: Alfred Delp, Verlag Josef Knecht, Frankfurt/M., »Gesammelte Schriften«, Band 4. – Ausgesucht von *Kurt Saftig*, Großmaischeid

95 Leo Schwarz, das vergessene Angesicht

96 Ulrich Günzel, der Schluß bleibt unbefriedigend

97 Helmut Kurz, fahrend bequem auf der Autobahn

98 Johanna Kneer, blühende Hoffnung

99 Aus: Gotteslob. Katholisches Gebet- und Gesangbuch. Herausgegeben von den Bischöfen Deutschlands und Österreichs und der Bistümer Bozen-Brixen und Lüttich, Katholische Bibelanstalt Stuttgart 1975, S. 71. – Ausgesucht von *Ferdiand Zepp*, Lautershofen

Bildernachweis

11 Bernward Verlag, Hildesheim
16 Sr. M. Sigmunda »Und ihr habt nicht getanzt«, Franziskanerinnen, Kloster Siessen bei Saulgau
41 Habdank »Noach«, Kösel-Verlag, München
47 Landesmuseum Trier
61 Jochen Bartsch »Schiffe«
65 Jyoti Sahi, »Zyklus von Bildern eines Rosenkranzes«, Pfeiffer Verlag, München
72 Roland Peter Litzenburger »Schutzmantelchristus« (1971)
90 Pierre Broussalis, Kunstverlag Maria Laach - Nr. 1927
98 Vignetten von Walter Habdank aus »Reich Gottesbibel«, Kösel-Verlag, München

»Vignetten« auf S. 51, 67, 97, 98, 116, 147 von *Jochen Bartsch*

S. 7 Missio, Aachen
S. 37 Missio, Aachen
S. 55 Hilde Körnig, Dortmund
S. 73 KNA-Pressebild, Frankfurt
Missio Aachen; Stern-Archiv.
S. 107 Missio, Aachen
S. 141 Missio, Aachen

Inhalt